in memoriam

Harro Baron Atha

MAUDS BEICHTE

Bekenntnisse der zweiten Gemahlin
Heinrichs des Löwen

Für die Nachwelt
erinnert von

Charlotte Gräfin Atha

Mit Anmerkungen versehen von
stud. phil. Egberth von Atha

Verlag Michael Kuhle · Braunschweig

© 1995

Verlag Michael Kuhle
38102 Braunschweig · Ottmerstr. 7

Gesamtherstellung:
Halberstädter Druckhaus · 38820 Halberstadt

ISBN 3-923696-71-X

INHALT

Prolog

Die Runde der Frauen

Kaum daß Granaten nicht mehr vor, neben, hinter und auf
Schwanenwerder einschlugen; kaum daß Detonationen, die
alle unsere Begriffe von Kriegstheater überstiegen hatten, leiser, ferner rollten: bedeutete uns Tantchen, sie aus dem mit
einer Stahltür armierten Heizungskeller, worin wir in den
letzten Tagen zwar eines fragwürdigen Schutzes, aber keiner
Wärme genossen hatten, hinauf in den Gartensalon zu führen, weil sie dort, und nur dort!, den verspäteten Five
o'clock zu nehmen gedachte.

Da in jenen Tagen des Endkampfes um Berlin Entwarnung
in einem fort ohne Voralarm in Alarm überging; ein Five
o'clock, wenn man ihn außerhalb der Keller einnahm, jeder-
zeit durch eine erlesene Musikbande von Stalinorgeln zu einem Totentanztee skandalisiert werden konnte: unterfing
ich mich, Tantchen von einem Tee im Gartensalon abhalten
zu wollen. Allein, wem die Gräfin Alexander anverwandt,
hätte wissen müssen, wie es um den Erfolg eines solchen An-
sinnens bestellt war.

"Für den Böhmischen Gefreiten und Braunschweiger Re-
gierungsrat mag ein Verkriechen in den Heldenkeller unter
dem Wilhelmplatz das seinem Wesen Angemessenste sein -
aber eine Atha ist keine Assel! Wir nehmen den Five o'clock
nicht in der Kohlenbox. Wir leben im Stil! Es unterscheide
sich der Freie von dem Knecht der Finsternis." Also sprach
Tantchen.

Und also führten wir, dramatis personae: das Hausmädchen
Justine und ich, Tantchen behutsam eine von Taschenlam-
pen beleuchtete Kellertreppe hinauf und geleiteten sie vorsichtig durch dunkle Fluchten der Villa - wegen des noch

nicht rekognoszierten Zustandes der Verdunklung durfte kein Licht gemacht werden - in den Gartensalon: auf daß dort, an einem 23. April 1945 gegen 23.00 Uhr, der Five o'clock genommen werde.

Während ich Tantchen unterfaßte und stützte, hatte Justine die Verdunklung an Fenstern aus Holz und Pappe bald überprüft, teilweise gerichtet und mit bereitliegendem Isolierband neu befestigt; eine Kerze angezündet; herabgeschlagenen Stuck vom Teetischchen gefegt. Sodann zog sie die mit Gipsstaub bedeckten Kattunüberzüge von zwei bequemen Fauteuils.

Nachdem sich Tantchen in einen Fauteuil zwar etwas mühsam, aber mit Attitüde niedergelassen hatte, hieß sie das Hausmädchen, aus ihrem leichten Gepäck zwei sorglich in Tücher eingeschlagene KPM-Teeschalen hervorzuholen. Vor Wochen noch waren diese Schalen Teile eines Service gewesen, das Friedrich der Große den pommerschen Athas dereinst als Douceur dediziert hatte, dafür, daß sie ihm in ihrem Regiment viele Hunde hielten, die nicht ewig leben wollten. Nun standen sie als Flüchtlinge aus Pommerland, das abgebrannt, ohne ihre Sozietät verloren auf meinem Teetischchen. Ein Erbärmdebild, dessen Anblick Tantchen bewegte, sich in Reminiszenzen an das Tafelgepränge der Athas zu ergehen: "Lang decken ... einhundert Couverts ... aber mit allem, mit allem!" Also sprach Tantchen.

Ich hingegen summte: "Glücklich ist, wer vergißt ..." leise vor mich hin und schraubte den Becherverschluß von einer Thermosflasche ab, die noch eine kleine Quantität lauwarmen Tees enthielt. Dazu ließ ich Zwieback sowie Orangenmarmelade bringen, damals eine Rarität, die mir ein befreundeter Botschafter eines neutralen Landes noch kurz vor Beginn der Götzendämmerung hatte zukommen lassen können. Gerade wollte ich mich an dem gütlich tun, dessen

2

Tantchen und ich jetzt so sehr bedurften - da lärmte auf einmal Motorgeräusch schwerer Fahrzeuge heran.

Dann: Ein Heranrumpeln und -rädern. Kommandorufe. Trittgeräusche, die von etlichen benagelten Stiefeln her-rührten. Anschellen. Anpochen. Darauf: Rufe und ein Schlagen gegen die Entreetür, daß es nur so durchs Haus hallte. In einer bestimmenden Kopfbewegung bedeutete ich dem Hausmädchen nachzusehen, wer in und zu solchen Zeiten unter solchem Aufruhr aufzuwarten wünsche.

"Aber gnä' Frau, wenn das ... die Russen sind ..." widerstrebte Justine.

"Die Russen würden wohl kaum im Namen des Führers drohen, eine Haustür aufzubrechen. Und nun geh sofort zum Entree und sieh nach, bevor noch etwas Gefahr läuft, beschädigt zu werden, was in der nächsten Zeit wohl kaum mehr repariert werden kann!"

Nur zögerlich folgte das Mädchen meiner Weisung. Von ihren Wangen war fast alle Farbe gewichen. "Und noch eins - wir empfangen nicht!" gab ich dem dummen Ding mit auf den Weg.

"Quelle surprise! Gäste zum Five o'clock. Was soll ich denn nur reichen? Ist es noch comme il faut, Kommißbrot zu geben, oder ist es bereits konvenabel, 'ein neutrales Knäcke' zu servieren - was meinen Sie, Tante?"

Tantchens - gewiß denkwürdiger - Replik wurde ich durch urdeutsches Kasernenhofbrüllen enthoben, das vom Vestibül her in den Gartensalon drang und durch Justine, die Hilfe suchend angelaufen kam.

"Gnä' Frau, die Herren da draußen wollen sich nicht abweisen -"

3

"Wer um diese Zeit gegen die Tür eines Hauses trommelt, das von alleinstehenden Damen bewohnt wird, ist kein Herr!" Also sprach Tantchen.

Und wer nun sogleich unangemeldet und ohne Anklopfen die Flügeltür, welche den Galeriekorridor vom Gartensalon schied, aufstieß, war in der Tat kein Herr. Es war ein baumlanger Hauptmann der Wehrmacht, gefolgt von einer Gruppe kräftiger und großer Soldaten. Männer, wie man sie damals in Berlin nur noch unter den Prätorianern höchster Unwürdenträger sah. Hernach traten noch einige, etwas verlegen scheinende Zivilpersonen ein. Ich meinte, daß mir ein paar von ihnen früher einmal bei Besuchen in Museen und Galerien vorgestellt worden seien.

Der Hauptmann machte Front, schlug die Hacken zusammen und riß den rechten Arm zu jenem Gruß hoch, den ich niemals als einen deutschen akzeptiert hatte, wohl aber stets als kategorischen Imperativ der deutschen Psychiatrie begreifen konnte. Es belferte aus dem Mundtrichter unter dem Stahlhelm: "Einsatzstab 'Kunstschutz'! Uns hat der Reichsmarschall als Vorsitzender des Ministerrates für Reichsverteidigung mit der Erfassung und Sicherung der Kunst- und Kulturgegenstände des Deutschen Reiches beauftragt. Die Sammlung 'Atha' enthält reichswichtige Kunstwerke, die unter allen Umständen vor einem Raub durch Bolschewikken-Horden zu schützen sind. Das Sonderkommando unter meinem Befehl wird unverzüglich Bergungsmaßnahmen durchführen und die als 'Wahl I' eingestuften Kunstwerke der 'Sammlung Atha' an einen Schutzort verbringen."

Daß Soldaten dieses seltsamen Einsatzstabes Blicke voller Gier auf ein Teetischchen warfen, auf welchem sie Tee und Orangenmarmeladen-Zwiebacke angerichtet fanden - wer wollte es ihnen an einem 23. April 1945 verdenken. Auch darüber, daß der Reichsmarschall, dessen Rang man sich immer ohne "m" denken mußte, seine manikürten, nichtsdestominder blutbesudelten Finger auf unsere Sammlung legen wollte, geriet ich nicht ins Staunen. Er hatte keine Kultur, daher mußte er immer mehr und immer noch mehr Kultur besitzen, auf daß der Glanz der angeraubten Werke ihn - so hoffte er zumindest - aufs schönste vor der Welt illuminiere. Aber daß dieser feine Herr Hermann Meier mit mediävalen Urkunden und Schriften, die meinem geliebten Cousin Harro gehörten und durch die Zeitläufte unter die Sammlungen geraten waren, noch kurz vor Toresschluß durchwischen wollte, verschaffte dieser Affaire Eingang in mein Gemüt. Mein Innerstes war auf den Siedepunkt gebracht.

Tantchen indes lorgnettierte den Räuber-Hauptmann und entgegnete kaltsinnig: "Herr Hauptmann, das großherzige Angebot des Reichsmarschalls erfüllt meine Familie mit höchster Genugtuung. Aber in einer Stunde, da alle Kräfte des Volkes zu fanatischster Anstrengung konzentriert werden müssen, können auch wir nicht sonderbehandelt werden. Wir stellen also die hier versammelten Kräfte des Reichsmarschalls unverzüglich für den entscheidenden Endkampf frei. Alles für den Endsieg!"

Aus dem Mundtrichter des Räuber-Hauptmanns belferte es zurück: "Ich habe hier kein Anerbieten zu überbringen, sondern einen Befehl bedingungslos auszuführen. Sie werden mir sofort alle nötigen -"

"Das werden Sie gefälligst lassen!" befahl man plötzlich von der unvermittelt aufgestoßenen Terrassentür her.

Ein Sturmbannführer der SS, in Breeches und Schaftstiefeln, trat forsch in den Gartensalon. Gefolgt von einer Rotte junger Wölfe in Ledermänteln. Die SS-Männer anzufahren, ob sie denn wahnsinnig seien, eine sich zur Havelseite hin öffnende Terrassentür dergestalt aufzureißen, daß das Licht aus dem von Kerzen beleuchteten Gartensalon den in Gatow eingedrungenen Russen eine treffliche Zielmarkierung geben könnte, hielt ich für sinnlos. Wer am 23. April 1945 noch die Uniform des größten Feldherrn aller Zeiten trug und seine Ehre in Treue sah, mußte der nicht wahnsinnig sein?

Unterdessen hatte der Sturmbannführer Front gemacht, die Hacken zusammengeschlagen, die Rechte erhoben, den kategorischen Imperativ der deutschen Psychiatrie hören lassen und schneidig angehoben: "Sondersturm 'Ahnenerbe'. Das Reichsinteresse gebietet die Sicherung aller völkisch wertvollen Kunst- und Kulturgegenstände. Der Reichsführer SS -"

"Es gibt keinen Reichsführer SS mehr. Da der Führer außerstande ist, die Regierungsgeschäfte selbst zu führen, hat der Reichsmarschall kraft Nachfolgegesetz vom 29. Juni 1941 die Regierungsgeschäfte übernommen. Der Reichsmarschall hat den Reichsführer SS aller seiner Ämter enthoben -" belferte es da aus dem Mundtrichter des Räuber-Hauptmanns.

"Der Führer hat den Hochverräter Göring aller seiner Ämter enthoben und vom Reichsführer SS in die Festung Kufstein werfen lassen!" brüllte der schwarzuniformierte Ahnenerbdieb zurück.

Man stand sich gegenüber, wie sich weiland 1063 zu Goslar die Mannen des Bischofs von Hildesheim und des Abtes von Fulda gegenübergestanden haben mußten, als es darüber zum Streite kam, wem von den beiden Prälaten der erste Platz in der Kirchenbank gebühre. Man traf Anstalten, miteinander bleigemein zu werden. Von beiden Schmalseiten des Gartensalons her war das Durchladen und Entsichern von Maschinenpistolen zu hören. Da schellte das Telefon.

Tantchen, die im Fauteuil neben dem Telefontischchen saß, hob sofort den Telefonhörer ab und ließ die über dieses unerwartete Geschehen Verblüfften hören: "Ja? Ach ja? Nein, Herr Rittmeister, die Russen sind noch nicht bei uns gewesen. Diejenigen, die hier sind, tragen zumindest deutsche Uniformen. Ja ... ein Einsatzstab und ein Sondersturm. Ja? Tatsächlich? Dann richten Sie dem Herrn General bitte unsere Genugtuung und Verbundenheit über seine Maßnahme aus. Danke. Auf Wiederhören!"

Und bevor noch einer der überraschten Marodeure Tantchen den Telefonhörer aus der Hand nehmen konnte, legte sie auf. In köstlich inszenierter Resolutheit ward den Recken dann kund und zu wissen gegeben: "Ein Rittmeister Wald oder ähnlichen Namens hat aus dem Führerbunker antelefoniert. Er läßt mitteilen, daß Schwanenwerder den Russen ein unüberwindliches Bollwerk werden soll. Eine Kampfgruppe der 20. Panzergrenadierdivision kommt von Schlachtensee her nach Schwanenwerder herauf, um den Russen das Übersetzen über die Havel zu verlegen. Justine, führen Sie die Herren zum Gartenhaus. Dort werden sie alles finden, dessen sie bedürfen, um einen Schützengraben auszuheben."

"Bei dir piept's wohl, Muttchen?" wurde Tantchen von einer Totenkopf-Rotznase komplimentiert. "Ich kann mich nicht entsinnen, Sie geboren zu haben!" beschied die Gräfin Alexander den SS-Mann, forderte seinen Offizier auf, den Flegel exemplarisch zu maßregeln und wies Justine an, die "Herren Soldaten" unverzüglich zur Tür zu geleiten, da diese sich gegenüber Damen nicht zu benehmen wüßten. Allein, das Hausmädchen brachte kein Wort über das Zahn-Gehege. Ein Zittern hatte ihren ganzen Körper überfallen.

Völlig unbeeindruckt von Tantchens Zurechtweisung verkündete der schwarzuniformierte Ahnenerbdieb indes seinen Marodeuren: "Die Oma Blaublut da reicht mir schon bis hier. Ich will nicht auch noch Theater mit einer Rotbiese von der 20. - Männer, Durchsuchung und Sicherstellung hat in 15 Minuten durchgeführt zu sein!"

Augenblicklich instruierte auch der Räuber-Hauptmann seine Bande. Wie wild rannte man durch die Villa. Man rempelte und stieß sich sich wie beim Rugby. Man hastete umher und durchsuchte das Souterrain, das Parterre, die Beletage, die Mansarden und den Dachboden. Man riß Gemälde und Graphiken von den Wänden, brach Schränke auf, zog Schübe aus Kommoden und raffte und raffte. Die Bande des Räuber-Hauptmanns trug ihre Beute ins Vestibül, um sie dort von ihren Museumskräften begutachten und selektieren zu lassen. Die Rotte des schwarzuniformierten Ahnenerbdiebes schaffte ihren Teil in den Gartensalon.

Allein, der Sturmbannführer schien mit den Fängen seiner jungen Wölfe in höchstem Maße unzufrieden zu sein. In einem fort sah er auf die Beute, dann wieder in ein kleines Notizbuch, das er zu Beginn des Raubzuges aus seiner Uniformjacke hervorgeholt hatte, darauf wieder auf seine Armbanduhr. Wieder und wieder stieß er hervor: "Was soll der Plunder - wo bleibt der Mittelalterkram?" Schließlich sah der Ahnenerbdieb lange auf seine Armbanduhr, wandte sich darauf unversehens Tantchen zu und herrschte sie an: "Los, wo ist der Mittelalterkram, die Urkunden, die Chronik und der ganze andere Pergamentplunder? Raus mit der Sprache - ein bißchen plötzlich, sonst wird es hier gleich ungemütlich!"

Allein, für Tantchen war er Luft. Luft, die vorüberstrich, ohne sie zu berühren. Da man sich nun nicht vor ihm duckte, wie es dieser Herrenmensch erwartete, geriet er außer sich, griff an seine Pistolentasche und schrie mit sich überschlagender Stimme: "Volks- und blutsvergessene Adelsclique!"

8

Ich wollte aus dem Fauteuil aufspringen, um mich vor Tantchen zu stellen, sie aber hielt mich davor zurück.

"Laß das, Kind. Eine Atha wird nicht mit dem Pöbel handgemein. Sie läßt ihn, wenn nötig, hinausprügeln. Wenn das nicht in ihrer Macht steht - wird er ignoriert." Also sprach Tantchen, griff zu einem alten Journal, das auf dem Telefontischchen lag, und blätterte darin.

Der Sturmbannführer lächelte asig, machte leicht Front und avisierte uns eine Schulung in deutscher Volksgemeinschaft, die im Prinz-Albrecht-Palais gehalten werde. Sodann blätterte auch er ein wenig, nicht im "Schwarzen Korps", sondern in seinem Notizbuch, um auf einmal die am ganzen Leib bebende Justine bei der Hand zu nehmen und auf die Terrasse hinauszuzerren. Nun sprang ich doch auf ... aber die Anrede "Parteigenossin", mit der Justine, wie ich noch aus dem Gartensalon heraus hören konnte, bedacht wurde, hieß mich stehenbleiben.

"Parteigenossin ... Schicksalsstunde des deutschen Volkes ... fanatischste Anstrengung aller ... der Führer ..." vernahm ich von den Einpeitschungen des Ahnenerbdiebes.

Wie von einer unbekannten Macht beherrscht, trat ich noch einige Schritte in Richtung Terrassentür.

"Aber ich kann doch nicht ... die gnädige Frau war doch immer so gut ..."

Jetzt stand ich hinter der Terrassentür.

"'Du guter, treuer, lieber Führer ... Du bist mein ein und alles ... Keine Minute des Tages vergeht, darin ich nicht in Liebe zu Dir entbrenne ... Wann wird wohl der einzige Wunsch, den ich im Leben habe, endlich wahr? ... Bitte,

9

bitte, Du großer, starker Mann, laß mich Dir und dem deutschen Volk ein Kind schenken! Sein Name soll Adolf oder Adolfine sein ...' Parteigenossin, diesen Brief hast du doch dem Führer geschrieben, nicht wahr? Wer die Liebe des Führers will, muß sich ihrer würdig erweisen ... Nach dem Endsieg kommen die Sachen doch - weg von den Atha-Volksschädlingen - in den Braunschweiger Dom, zur Weihestätte des deutschen Volkes. So, wie es der Führer bestimmt hat. Nun, Parteigenossin, was willst du, das der Führer von dir denken soll? Los, wo ist nun das Zeug versteckt?"

Und weiter mußte ich mit anhören, wie meine Justine, meine Justi!, bezaubert durch das ihr gleichsam vorgehaltene Bild des teuflischsten Ver-Führers aller Zeiten, zu einer Juliette (1) wurde. Sollte zu unguter Letzt das Kostbarste, das Unwiederbringlichste doch noch ein Raub von diesen Verbrechern an der Menschheit werden? Diese schreckliche Vorstellung benahm mir fast den Atem. Ich erstarrte, versteinerte. Für einen Augenblick stand ich wie festgebannt hinter der Terrassentür. Doch dann wich die Absence einer ungeheuren Erregtheit. Vor Abscheu und Wut zitternd, versuchte ich die Offizierspistole meines gefallenen Mannes, die ich während der letzten Tage, unter der Strickjacke verborgen, immer bei mir getragen hatte, zu einer Verzweiflungstat hervorzuziehen - da traf mich ein harter Stoß an den Kopf. Ich verlor das Bewußtsein.

An das Aufwachen "danach" habe ich - naturgemäß - nur verschwommene Erinnerungen. Schneidender Kopfschmerz, Schwindel, Unwohlsein. Erst als ich geraume Zeit wieder bei mir war, bemerkte ich, als ich vorsichtig tastend meinen blessierten Kopf erkundete, an der rechten Hälfte der Stirn einen gewaltigen Olifanten (2) sowie eine längliche Platzwunde. Dazu ein geschwollenes Auge; angetrocknetes Blut auf Wange und Hals. Wie mir Tantchen hernach berichtete, war mir ein Flügel der Terrassentür effetuoso (3) an den

10

Kopf geschlagen, als der schwarzuniformierte Ahnenerbdieb von der Terrasse in den Gartensalon stürmte, um seiner Rotte junger Wölfe den Weg zur Beute zu weisen. Daß ich aus dem Stück genommen war, dürfte mich davor bewahrt haben, darin noch eine Rolle als Angeklagte vor einem fliegenden Standgericht übertragen zu bekommen.

Eine seltsame Stille hatte sich des Gartensalons bemächtigt. Dort, wo soeben noch - so schien es mir zumindest - Räuberbande und Wolfsrotte auf Raub ausgingen, Justine ihre metzige Verräterei ausübte, war nur noch Schweigen. Mühselig richtete ich mich auf und wankte stöhnend zu den Fauteuils hin, wo mich die dort unfreiwillig "einsitzende" Gräfin Alexander unter den Lebenden mit der Mahnung bewillkommnete: "Solange eine Atha noch ihren Kopf zwischen den Schultern trägt, lamentiert sie nicht über ihn!" Also sprach Tantchen.

Und als ich verzweifelt anhob, da nun das Kostbarste geraubt, nun wirklich alles verloren sei, herrschte die Gräfin: "Alles verloren? Wir haben eine Vergangenheit! Die anderen keine Zukunft!"

Heute, beinah fünfzig Jahre später, da ich der bösen Stunden in der Nacht vom 23. auf den 24. April 1945 gedenke, weiß ich, daß Tantchen - Gott sei Dank! - recht behalten hat, was "die anderen" anlangte. Deren Ende ist allseits bekannt. Es bliebe noch hinzuzufügen, daß Justine - wie ich später erfahren habe - auf ihrer ziellosen Flucht durch das umkämpfte Berlin bei einem Tieffliegerangriff ums Leben gekommen ist. Mitleidige sollen ihre sterblichen Überreste, aus Mangel an pietätvolleren Behältnissen, in einen alten Nachtschrank gelegt und in einem Bombentrichter bestattet haben.

Wären Justine und ich einander noch einmal begegnet, danach hätten ihre Überreste vermutlich in einem Einmachglas

Platz gehabt ... Aber hätte man solches damals allen deutschen Frauen angedeihen lassen, die in ihrem Herzen dem Führer ins Unheil angehangen hatten, einige Jahre hätte man dann wohl keine Gläser mehr für das überlebenswichtige Einwecken zur Verfügung gehabt.

Diese schriftliche Hinwendung an eine abgrundböse Vergangenheit, die sich mir, wann immer ich sie in Gedanken noch einmal an mir vorbeiziehen lasse, in einer atemberaubenden Unmittelbarkeit präsentiert, erfolgt nicht aus dem heimlichen Wunsch heraus, Lesern und Leserinnen mein kleines privates Schicksal als Spiegelbild einer Zeit zu präsentieren. Wenn mich nicht mein Gefühl für Dezenz von dergleichen abhielte, so wären mir gewisse mediokre Versuche einiger Standesschwestern Warnung genug vor einem solchen Unterfangen. Tantchen hätte zu derartigen Hevorbringungen gesagt: "Aha, der Mittelstand versucht sich in Erinnerungen!" Nein, was ich bisher niedergelegt habe, dient allein der Einstimmung, der Hinführung auf das Eigentliche.

Wie ich nach Kriegsende von Zeugen der "Letzten Tage der Reichskanzlei" sowie nach der Wende von einem jungen Historiker erfahren konnte, der mir einiges über die vergebliche Suche der Stasi nach dem Einlagerungsort der "Sammlung Atha" zu berichten wußte, waren die Transportkisten mit dem geraubten Kunstgut am 26. April 1945 in eine der letzten beiden Ju 52 eingeladen worden, die noch aus dem umkämpften Berlin ausflogen. Beide Maschinen starteten nahe der Siegessäule von der Ost-West-Achse. Die eine stürzte noch über Berlin ab. Die andere erreichte wohlbehalten Süddeutschland. Partien ihrer Fracht sollen in den Luftschutzkeller des Münchener "Führerbaus" eingelagert oder auf den Weg zu einem Depot in der "Ostmark" gebracht worden sein, womöglich zum Salzbergwerk Altaussee. Der Bunker des Münchener "Führerbaus" wurde am 29. April 1945, kurz vor der Besetzung Münchens durch die Amerikaner, von einer aufgebrachten Menge "Volksgemeinschaftler" geplündert. Ein Transport mit Kunstgegenständen, der wegen Feindannäherung nicht mehr im Salzbergwerk Altaussee eingelagert werden konnte, soll von der SS im Zeller See versenkt worden sein.

Ich habe das mir Bekannte dieser Vorgänge durch und durch studiert. Nach einem halben Jahrhundert werden die wenigen, ungenauen Nachrichten darüber wohl schwerlich noch eine Ergänzung erfahren. Die "Sammlung Atha" muß als verschollen gelten, wenn nicht gar als vernichtet. Ein Schicksal, das sie vermutlich mit der sogenannten Gelnhäuser Urkunde teilt (4).

Mein hohes Alter; das vermutliche Schicksal meines Cousins Harro, der seit Februar 1943 als vermißt gilt: bestimmen mich, das Kostbarste der verlorenen "Sammlung Atha" dem ihm drohenden Vergessenwerden zu entziehen. Durch schriftliche Niederlegung meiner Erinnerung daran. Meiner Erinnerung an "Mauds Beichte"! Der beispiellosen Bekenntnisse von Maud, der zweiten Gemahlin Heinrichs des Löwen.

Mauds Pergamente hatte 1934 mein Cousin Harro zufällig im Familienarchiv der Athas aufgefunden, als er damals dort Quellen für seine mediävistische Doktorarbeit aufzutun gedachte. Wie er bald eruierte, war "Mauds Beichte" durch einen, in unserer Sippe stets nur als den "Tollen Heini" erinnerten, Oberst Heinrich von Atha zu Gutzow in den Besitz der Familie gelangt. Der "Tolle Heini" hatte als Agent provocateur, Tarnname Heinrich Piepenbrinck, in der Nacht vom 7. auf den 8. September 1830 die "spontane" Erhebung Braunschweiger Bürger gegen Herzog Karl I. angeführt. Dem aus seiner Residenz entfleuchenden Fürsten gelang es nicht mehr, das "Geheime Herzogliche Archiv" aus dem Grauen Hof, seinem Braunschweiger Schloß, vor der dort anstürmenden Volkswut in Sicherheit bringen zu lassen. Dadurch gelang es wiederum "Heinrich Piepenbrinck" und anderen ebenfalls vor Ort befindlichen preußischen Agenten, viele Archivalien aus dem herzoglichen Archiv beiseite zu bringen und nach Berlin zu schaffen (5). Um die Spuren seines Einsatzes zu verwischen, ließ Oberst von Atha Brand in das Braunschweiger Schloß werfen. Warum der Oberst hernach das "Mathilde-Dossier", so bezeichnete er es in einer Marginalie auf dem Original, in seinen persönlichen Besitz überführt hat, konnte Cousin Harro aus den ihm auffindbaren Archivalien allerdings nicht klären.

Gut hundert Jahre lag also "Mauds Beichte" unentdeckt im Familienarchiv. Cousin Harro wollte 1936 durch die spektakuläre Edition der "Beichte" Mauds seinen Namen der Weltöffentlichkeit bekanntmachen. Allein, Harros Doktorvater wußte dies - in wahrhaft deutscher Beamtensorge um seinen Lehrstuhl - zu verhindern. Auch Goebbels legte seine Hand auf den Fall "Maud & Atha". Und die Gestapo. Denn Hitler hatte am 17. Juli 1935 die als geschichtliche Weihestätte des deutschen Volkes neu gestaltete Grablege Heinrichs des Löwen und seiner Gemahlin im Braunschweiger Dom besucht. Dabei stilisierte er sich als "Erbe des Löwen". Die Herzogin Mathilde pries er mehrfach als das Ideal einer edlen keuschen germanischen Frau. Welch homerisches Gelächter hätten wohl die Reden Hitlers über Heinrich den Löwen und Mathilde - besonders im Ausland - hervorgerufen, wäre "Mauds Beichte" kurz darauf publiziert worden?

Um die Gefährdung der Pergamente Mauds wissend, ließ mir Cousin Harro heimlich "Mauds Beichte" zukommen - und beschwor mich, die Pergamente zu verstecken und sie unter keinen Umständen der braunen Willkür preiszugeben. Da man bei Cousin Harro der Pergamente - trotz mehrfacher Hausdurchsuchungen - nicht mehr habhaft werden konnte, eröffnete man gegen ihn ein Verfahren wegen "Gerüchtemacherei". Darin gestand Harro auch, Gerüchte über eine "angebliche Sammlung von Bekenntnissen der Herzogin Mechthildis" verbreitet zu haben, um weitere Nachforschungen der Gestapo nach "Mauds Beichte" möglichst zu wehren.

Wie die Leser und Leserinnen mittlerweile wissen, war es mir vom Schicksal nicht vergönnt, "Mauds Beichte" - und Cousin Harros wissenschaftliches Vermächtnis! - vor den braunen Horden zu schützen, aber es soll ihnen nicht auch noch der Sieg zuteil werden, "Mauds Beichte" dem Vergessen anheimgegeben zu haben. Davor will und werde ich die Bekenntnisse von Maud Plantagenet, der nachmaligen Herzogin Mathilde, zu bewahren wissen: durch Erinnern.

Cousin Harro und ich hatten "Mauds Beichte" wieder und wieder gemeinsam glesen, d. h., Harro trug sie mir in seiner Übersetzung aus dem höfischen Mittelhochdeutsch vor, worin Maud ihre Bekenntnisse abgefaßt hat (6). Im großen und ganzen ist mir davon alles glasklar in Erinnerung geblieben. Viele der von Maud geschilderten Dialoge sogar wortwörtlich. Darüber hinaus kann ich meine Erinnerungen noch durch einen umfänglichen Briefwechsel zwischen Cousin Harro und mir aus den Jahren 1934 und 1935 absichern. Und durch einige Forschungsunterlagen Harros, die die Wirren der Zeiten zum Glück überstanden haben. In seinen Briefen berichtet Cousin Harro ausführlich von seinen Editionsbemühungen, auch von seinen Untersuchungen zum Stil Mauds. Daher sehe ich mich in der glücklichen Lage, einige Wörter aus Mauds Originaltext in den von mir erinnerten Text einfügen zu können.

Es wäre unbillig, das von Maud dem Pergament Anvertraute in einer öffentlichen Schrift auszusprengen: glaubte ich, eine solche postume "Verletzung des Beichtgeheimnisses" mit einem nolens volens abgestatteten Dank der beamteten Wissenschaft entschuldigen zu können; glaubte ich, eine solche postume Verletzung der Intimsphäre mit dem innigsten Dank von Lesern entschuldigen zu können, die durch eine solche Verletzung ihr voyeuristisches Interesse rege gemacht finden.

Statthaft ist die Veröffentlichung der vorliegenden Erinnerungen an "Mauds Beichte" allein als Hommage an eine einzigartige Frau. Die sich als Tochter des englischen Königs Heinrich II. eines willkürlichen, ihr unerklärlich unerbittlichen Loses ausgesetzt sah; die als Gemahlin Heinrichs des Löwen von den Zumutungen ihres herzoglichen Gemahls sowie den Ränken und Anschlägen seines kaiserlichen Widersachers beinah gebrochen worden wäre (7). Die es dennoch vollbrachte, in einer Welt zügelloser Männerherrschaft - als Frau - ihr Schicksal autonom zu meistern.

"Mauds Beichte" lichtet ein Dunkel auf. Nicht das über dem sogenannten finsteren Mittelalter, wobei jene Zeit, verglichen mit den ägyptischen Finsternissen unseres Jahrhunderts, ein von blendender Helle überfluteter Zeit-Raum gewesen sein muß. Sie lichtet ein Dunkel auf, mit dem bis heute Wesentliches der Biographie Heinrichs des Löwen umgeben gewesen ist. Und ein Verborgenes darin, das bisher aller Aufmerksamkeit entgangen ist, beginnt aufzuscheinen.

Meine Kräfte, die dem Alter einen nicht unbeträchtlichen Tribut haben entrichten müssen, haben es mir bis zum festgelegten Termin der Manuskriptabgabe meiner Erinnerungen an "Mauds Beichte" leider nur gestattet, der Öffentlichkeit einen Teil der Bekenntnisse Mauds vorzulegen. Sollte jedoch ein nachhaltiges Interesse der Leser und Leserinnen an "Mauds Beichte" deutlich werden lassen, daß man eine Fortsetzung meiner Erinnerungen wünscht, so wird dies für mich höchster Ansporn sein, dem Publikum - so lange und so weit meine Kräfte reichen werden - einen

16

weiteren Teil von "Mauds Beichte" zur Kenntnis zu bringen.

Zum Beschluß bleibt mir nur noch, meinem Neffen, Herrn stud. phil. Egberth von Atha, meinen tiefempfundenen Dank dafür auszusprechen, daß er zu weiterer Information der Leser und Leserinnen dieses Buch mit einem An- und Bemerkungsapparat versehen hat.

KAPITUL I

Der Alp

"King Henry at Woodstock. Archbishop Becket attempts to gain an interview with the King, but being refused, returns to Canterbury. The King goes out hawking." (8)

Hinweis: So ward es im August des Jahres 1164 in Pipe-Rolls fest-gehalten, worin Bischof Richard FitzNigel (9), Schatzkämmerer und Geldkatzenträger des englischen Königs Henry II. FitzEm-press, die nicht unbeträchtlichen Befriedigungen für das Tun und Treiben seines Souveräns chronistisch verzeichnete. So ist es in den auf uns gekommenen Kopien dieser Pipe-Rolls nachzulesen, die 1698 im Tower zu London von einem Archivarius Holmes ausgefertigt wurden. So kann man es wiederum dem umfangrei-chen Werke Right Reverend R. W. Eytons, "Court, Household and Itinerary of King Henry II.", entnehmen, worin diese Pipe-Rolls, vom Lateinischen ins Englische übersetzt, seit 1878 dem interessierten Publikum zur Einsicht und Verwunderung vorlie-gen. Allein aber aus der ersten Rolle von "Mauds Beichte" weiß man - wie mir Cousin Harro aus seinen 1934 begonnenen Re-cherchen mitteilte -, daß Mathildes königlicher Vater der in den Pipe-Rolls berichteten Falkenbeize nicht zu standesgemäßer Aus-übung herrscherlicher Jagdbrunft frönte.

König Heinrich unternahm Jagdausritte, vorzugsweise in die unwirtlichsten Partien seiner Herrschaft, in die einsamsten Gebüsche seiner tiefsten Wälder, allein zu dem Vorteil, mit Ratgebern und Gefolgsleuten unbelauscht Zwiesprache hal-ten zu können. In seinen Höfen stand für ihn stets zu besor-gen, daß Mauern, Türen, Dielenböden, Truhen und Betten vernehmen möchten, was er im Geheimen auszureden hatte. Absicht, Tücke und Verräterei schienen hier ohne Unterlaß zu versuchen, sein Schicksal zu umspinnen.

Von 1154 bis 1163 hatte Henry II. FitzEmpress nichts unversucht gelassen, bevor er in Burgen oder Zeltlagern Trauliches zu offenbaren oder seinem Secretarius Wahrheiten über sich für die Nachwelt zu diktieren geruhte, die "Ohren" jener, welche sein Glück in einem fort zu untergraben trachteten, gründlich zuschanden zu machen.

Befand er sich in Hallen oder Sälen, stieß er urplötzlich Fensterläden sowie Schartenluken auf und drosch für zehn Akkerknechte mit dem Handflegel hinaus: konnten doch Kundschafter des vermaledeiten Roi Louis bis unter die Fenster und Scharten geklommen sein. Darauf sandte er flugs mit dem Bogen Pfeile in die weiten Schlote der Kamine hoch: konnten darin doch Spitzel seines Freundes und ehemaligen Kanzlers, nunmehrigen Erzbischofs von Canterbury, Thomas à Becket, Fledermäusen gleich hängen. Weiter stieß er mit dem blinkenden Schwert in die Fugen der Fußbodenbohlen, in Truhen und Laden hinein sowie in Kissen und Strohsäcke auf Bänken und Lagern: konnten sich darunter oder darin doch Lauscher seiner königlichen Gemahlin Eleanor verborgen halten. Schließlich riß er, den Morgenstern in der Faust, jäh die Türen, welche auf Vorsäle und Korridore gingen, auf und keulte blindlings um sich: konnten dahinter doch Ausforscher und Meuchler harren, die der Alte vom Berge (10) gesandt hatte.

In Zeltlagern schlug König Heinrich unversehens mit der Kriegssense in die Zeltbahnen oder schleuderte Wurfspieße darein. Des Nachts ruhte der von Argwohn erfüllte Gesalbte nicht eher, als bis er in Kemenâten und Gaden (11) mit Fakkeln unter Spannbetten geleuchtet, Alkoven ausgehellt hatte: konnten darunter oder darin sich doch Zuträger des Walter Map verstecken, Sudelfeder und Versilberer jener "Map-Rolls", die das kontinentale Europa von Zeit zu Zeit mit einer Chronique scandaleuse (12) vom englischen Hof königlich zu amüsieren wußten.

Doch in dem siebenten Jahre, da Henry II. FitzEmpress die Hatz auf Abhorcher, Ausspäher und Zwischenträger umtrieb, mußte er gewahren, daß er bislang niemand weiter als einige ahnungslose Kaminkehrer, ein gutes Dutzend neugieriger Mägde und ein halbes Hundert brunftblöder Buhlen, die in aller Heimlichkeit das geile Fleisch seiner königlichen Gemahlin mit ihrer Lust zu besudeln gedachten, "erwischt" hatte. Zudem hatte er im Eifer nächtlicher Pirschgänge, da er die lodernde Fackel voranhielt, das Meublement etlicher Kemenâten angesengt; seine Lieblingsburg in Angers war über solchen Kokeleien in Flammen aufgegangen. (Wie Cousin Harro errechnet hat: ein Schaden von 4000 Pfund.) Und immer noch vermeldete der Meister der königlichen Spitzel und Folterknechte, Richard de Luci, daß ein jegliches Wort seines Herrschers, das traulich gesprochen, dem Becket, dem Papst, der Eleanor - und Walter Map! - flugs hinterbracht wurde.

Und also beschloß Heinrich Ginsterzweig (Plantagenet), hinfort im Schoße der Natur den Sicherplatz für seine Macht-Worte und Ränke-Reden zu suchen, den ihm seine Burgen mit all ihren Mauern und Wachen nicht gewähren konnten. Um hierbei den maleficen Horch-und-Gucks ein Vorauseilen oder Nachfolgen von vornherein zuschanden zu machen, hieß der König seine Mannen mit den willkürlichsten Anweisungen, sich für Reisen oder Jagden zu rüsten. "Der König erschien mit der Plötzlichkeit der Pest , hier und dort und überall", berichtete Walter Map hernach - bedauernd - in seinen "Map-Rolls".

"Wenn der König bekanntgemacht hatte, an welchem Orte er anderntags zu weilen gedachte - und besonders dann, wenn der König seinen herrscherlichen Willen Hof und Volk durch den Mund eines Herolds verkünden ließ - konnte man sicher sein, daß alle Absichten und getroffenen

Vorkehrungen am frühen Morgen durch eine plötzliche Abreise des Königs zu einem anderen Ziel über den Haufen geworfen wurden. Da konnte man dann die königlichen
Knechte losstürzen und durcheinanderlaufen sehen, als ob
sie nicht bei Verstand wären. Sie schlugen auf Packpferde
ein, fuhren Reisekarren krachend auf- und ineinander -
kurzum, sie gaben dem Betrachter eine gelungene kleine
Nachahmung der Hölle zu sehen. Hatte der König
andererseits die Abreise bei Tagesanbruch befohlen, war es
sicher wie das Amen in der Kirche, daß er seinen Willen ein
Mal ums andere änderte, und man ihn noch um die
Mittagszeit im Bette beim Schnarchen oder bei Lustbarkeiten
mit den Töchtern des Landes finden konnte. Derweil die
Packpferde beladen standen, die Karrenpferde seit langem
angespannt waren und scharrten, die Hofleute schläfrig des
Königs harrten ..." kann man über Heinrichs Willkür in
einem geheimen Brief seines Sekretärs Peter de Blois (13)
lesen, den Cousin Harro 1934 - wie auch die "Map-Mappen"
- in englischen Archiven einsehen konnte.

Zu der nämlichen Beizjagd nun hatte der König sein achtjäh-
riges Töchterlein Maud heranbefohlen, die im Süden Englands mit ihrer Meisterinne (14) und Gesellschafterinnen
beim Hofstaat der Königin weilte. Als nun Gefolgsleute des
Königs, geführt von Sir Wanfred Ivanhoe (15), Königin
Eleanor unversehens zu nächtlicher Stunde mit dem Befehl
ihres königlichen Gemahls aufwarteten, entflammten sie ihren Zorn. Stand doch für die Königin zu besorgen, daß der
König, nachdem er bereits den Thronfolger (16) von ihrem
Hofe hatte fortbringen lassen, ihr nun auch noch die Erzie-
hung ihrer Lieblingstochter Maud entziehen wollte. Vollends ward die hohe Frau in die fürchterlichste Raserei ver-
setzt, als ihr Ivanhoe Kunde davon gab, der König ließe be-
stellen, er wolle Maud durch eine Landpartie nach Woodstock ein wenig Erholung von all den Schreyfritzen und Har-
fenplärrern (17) schaffen, die am Hofe der Königin mit ihren

steten Sängerkriegen das Kind um jene gedeihliche Ruhe brächten, die doch erst eine Jungfer recht und schicklich aufwachsen lasse.

"Woodstock!" geiferte die hohe Frau, "Woodstock! Woodstock! Woodstock! ... Überall könnt ihr sie hinschaffen - aber nicht nach Woodstock!" (18)

Heinrichs Großvater, König Henry I., hatte sich in Woodstock eine hochberühmte Menagerie gehalten: Löwen, Leoparden, Luchse, Kamele und ein Stachelschwein. Henry II. FitzEmpress hielt sich zu Woodstock nur eine Rose - Rosamond. Rosamond Clifford, in später um sie gewobenen Legenden: Fair Rosamond, Heinrichs Rose der Welt (Rosamundi), deren taubenetzte Knospen den König für den Anblick einer ihm sonst so welken Welt entschädigten.

Doch wie die Königin auch wütete (wegen der "unreinen Rose" (19) in Woodstock) - und bat (sie fürchtete bei einer Nachtfahrt um die Gesundheit ihrer Tochter), Ivanhoe und die anderen Mannen wollten nicht davon abstehen, das Herzblättchen, wie man Heinrich sein Töchterlein in der Öffentlichkeit stets nennen hörte, obwohl er Maud bislang kaum einmal einer väterlichen Zuwendung gewürdigt hatte, dem König spornstreichs in dessen augenblickliche Residenz Woodstock zu bringen. Der unbedingte Befehl des Königs ließ keine Widerrede der Königin gelten!

Aber nicht zärtliche, wenn auch sehr eigentümliche, Regungen eines Vaterherzens hatten die erstaunliche Order erteilt, ein kleines Mädchen bei der dunkelsten Nacht aus der Hut seiner Mutter fortzuführen. Es gehörte auch nicht zu den Gepflogenheiten des Königs, seine Kinder mit Landpartien oder gar Lustbarkeiten in den Woodstocker Schloßgärten erfreuen zu wollen. Henry II. FitzEmpress, König von England, Herzog der Bretagne, der Normandie, von Guyenne, von Anjou und Graf von Poitou etc. pp. ließ sich Maud herbeischaffen, um zu prüfen und zu wägen, ob er sein Herzblättchen zu einem Mittel seiner Zwecke machen könne.

Die kleine Maud indes nahm all das nur als eine Folge von Alptraumbildern wahr. Mit Herzensangst hörte sie Schreie im Schloß Winchester widerhallen, fand sich sogleich von Fackelschein geblendet und von dunklen Schattenwesen aus dem Bett gezerrt, in großer Eile rauh und nachlässig angekleidet - und schließlich mitten in der Nacht in einen reifenbespannten, deckenbehangenen einzwagen (20) gesteckt, der hin- und herschwankend über nebelverhangene Heiden dahinrumpelte.

Gedanke: Geheimnisumwoben scheint Kindern manchmal das Wort der Eltern, wie oft erfassen Kinder ein ihnen seltsam vorkommendes Gebaren ihrer nächsten Umgebung nicht. Aber eines Tages, urplötzlich, gebiert die Erinnerung das geheimnisumwobene Wort, das seltsame Gebaren aus ihrem dunklen Schoß wieder. Und siehe, was von Kindheit an in ihm eingeschlossen gewesen, wird dem Erwachsenen nun aufgetan und offenbart. So wird es auch Maud zu Beginn ihrer "Beichte" widerfahren sein, als sie sich die Rücksichtslosigkeit ihres Vaters zuerst noch aus der Erinnerung des kleinen, verstörten Kindes vergegenwärtigt hat, deren grausame Schärfe und Kaltsinnigkeit ihr aber dann, in der Rückschau der erwachsenen - und nun um vieles wissenden - Frau, vollends bewußt geworden ist.

KAPITUL II

Ein König - und Vater?

Beim Heraufdämmern des dritten Tages, seit Sir Wanfred Ivanhoe und die von ihm befehligte Schar Maud von Winchester Castle "abgeholt" hatten, hielten diese - nebst der im einzwagen Mitgeführten - Einzug in die königliche Jagdresidenz Woodstock palais. Während der wilden Fahrt von Hampshire nach Oxfordshire war die kleine Maud in steter Herzensangst gewesen: Männer, deren Sprache sie meist nicht verstand (21) - Ivanhoe war unter ihnen allein des Französischen mächtig -, umgaben sie wie Wächter und Kerkermeister; die halsbrecherische Rumpelfahrt des einzwagens über Stock und Stein, auf grundlosen Wegen, durch Furten bei mondloser Nacht, gab ihr in einem fort Anlaß zu der Bängnis, daß das Gefährt unversehens umstürzen könnte.

Hiervon hatten Maud währenddes auch nicht die Sänftigungen und das Zureden Ivanhoes befreien können, daß sie bald ihren lieben Vater, den großen Herrn und mächtigen König, sehen werde, welcher sie doch allein zu dem Zweck nach Woodstock habe führen lassen, seinem Herzblättchen gar viele kostbare Geschenke machen und allerlei Lustbarkeiten und schöne Überraschungen bereiten zu wollen. "Mein Vater? Mein l i e b e r Vater? Wer und was ist ER denn, der Plantagenet Henri Courtmantle, gekrönt als Henry II., genannt Henry II. FitzEmpress (22) in jenen Tagen - für mich - gewesen?" fragt sich Maud, eingedenk der erinnerten Worte Ivanhoes, in ihrer Confessio.

Vor den denkwürdigen Tagen im August des Jahres 1164 war Maud ihres königlichen Vaters nur wenige Male - und dies auch nur in der flüchtigsten und kaltsinnigsten Weise - ansichtig geworden. Begegnungen, die zumeist in ihrem Gemüt kaum Regungen hervorgerufen, sich ihrem Gedächtnis nur undeutlich eingeprägt hatten. Mit Ausnahme der einen des Sommers 1163 am Hofe ihrer Mutter zu Poitiers. Und das Bild, das ihr dieses sonderbare Wiedersehen von ihrem Vater gegeben hatte, bestimmte auch jetzt, bei ihrem Eintreffen in Woodstock, noch den Begriff, den sie sich von ihm machte.

Henry II. FitzEmpress war ein Reisekönig (23), der sich nicht oft an den Höfen seiner Gemahlin in Aquitanien einfand. Wünschte er jedoch seiner Gemahlin dort aufzuwarten, dann konnte der König zur steten Bestürzung der Königin und ihres gesamten Hofes von einem Augenblick zum andern vor den Toren stehen. So begab es sich im Sommer 1163 zu Poitiers.

Kaum daß die Grailles, jene Art von Trompeten, die mit ihrem fulminanten Schmettern auch das Signal zum Jüngsten Gericht geben könnten, von den Türmen des Schlosses zu Poitiers Kunde davon gegeben hatten, der König nahe heran, stand dieser auch schon mit seinem Gefolge vor der Zugbrücke des Haupttores und begehrte mit weithin schallender Stimme Einlaß. "Ach Gott! Der König! Jemine, der Heinrich! Heinrich ante portas! Der König kommt!" hallte es in den Gängen des Schlosses zu Poitiers wider. Und des Schreiens und Kreischens voll der bösesten Vorahnungen war kein Ende.

Lehensmänner und Höflinge, die sich just einen schönen Aderlaß hatten machen lassen oder ein durchschlagendes Mittel zur Abfuhr genommen hatten (beides ist bei den allgemeinen Eßgewohnheiten im zwölften Jahrhundert zum Überleben derselben einfach nötig gewesen), mußten sich von Lagern oder Abtritten heben lassen, um sogleich dem König bei seinem Einzug huldigend Spalier zu stehen. Denn wäre ihre Abwesenheit hierbei dem Herrscher ins Auge gefallen, hätten sie sich bei "Heinrich-dem-man-nicht-Traut" augenblicks in den Verdacht gesetzt, ihm die schuldige Achtung versagen oder gar frondieren zu wollen. Woraufhin Heinrich flugs gewütet hätte: "Man schleife ihre Burgen! Ich weiß zwar nicht warum, aber so lange bis er es weiß, kann ein König, der König zu bleiben gedenkt, damit nicht warten." (24) Teile der englischen Ritterschaft, die 1153, ob ihrer vom gehabten Sauffteufel wehen Köpfe, Henry II. FitzEmpress in Westminster nicht zu huldigen vermochten, büßten dafür mit der Zerstörung von über 100 ihrer Burgen.

Liebesgerichte, die in Sälen des Schlosses tagten (25), vertagten sich eiligst. Bertrand de Ventadorn, dem König der Troubadoure, fiel beim Schmettern der Grailles, das anzeigte, der König dräue heran, vor Schreck das Instrument nieder, womit er just seiner Domina Eleanor zu einem minneclich vröuden-spil aufwarten sollte. Wie von Sinnen stürzte er aus der Kemenâte der Königin und hastete - nacket-bloz - durch Schloßfluchten einer geheimen Pforte in der Schloßmauer zu. Da sie die weiße after-belle (26) Maître Bertrands in düsteren Schloßkorridoren - flüchtig - aufscheinen sahen, ließ nun ein panischer Schrecken vor dem König auch all die anderen Troubadoure und Spielleute am Hof Eleanors im Schloß durcheinanderlaufen, wie Asseln, über denen plötzlich der schützende Stein weggenommen wird.

Ammen, Meisterinnen und Hofmeister suchten verzweifelt, die noch rotznäsige Kinderschar des Königs in ein dem Herrscher präsentables Äußeres zu setzen. Indes versetzte die Aufregung, den König und Vater zu sehen, das Gemüt des Thronfolgers Heinrich - und nachfolgend dessen Darm - dergestalt in Wallung, daß Henry the Younger einiges in die Goldfadendurchwirkte ging. Richard trat ständig gegen die Beine eines Hofmeisters, der ihm ziemlich ankleiden und das Haar schön scheiteln lassen wollte. Gottfried machte, wie meist, seinem Namen alle Unehre, indem er sich in die Hand verbiß, die ihm ein kleidsames Hütchen aus Pfauenfedern aufsetzen wollte. Maud, ob all der Aufregung und des

Schreiens im Schloß ängstlich und verstört, fand sich von ihrer Meisterinne fest bei der Hand genommen und zur Vorhalle des Palas gezerrt, worin König Heinrich Hof zu halten geruhte. Hinterdrein folgte schnaufend eine dickliche Amme, welche die jüngste Tochter des Königspaares, Eleanor, auf dem Arm trug. Ihren Vater zu begrüßen, schrie die Kleine wie am Spieß.

In der Vorhalle angelangt, vernahm Maud von weitem die mächtige Stimme des Königs, der gerade die unter andauernder Wirkung der Purganzien Leidenden beschied: "Macht euch in die Hosen, wenn euer König naht - wie? Ihr aufsässigen Barone, ihr Eidbrecher und Becket-Buben werdet schon wissen, warum ... ha, ha!" Dann hörte sie den Vater mit "Sattelstimme" wüten: "Das ist kein Hof, das ist ein Hinterhof! Mir aus den Augen, ihr Harfenplärrer und Schreyfritze! Bertrand de Ventadorn, Jaufré Rudel, Cercamon, Marcabru, Arnault-Guilhelm de Marsan, Peire Roger, Peire d'Auvergne und Bernard Marti, die ihr alle nichts weiter seid als kotzen-schalcs und puliâns (27), aus dem Schloß mit euch, oder ich will euch die gemehte böhmisch machen, bis euch endlich ein hübsch liedelîn entpfeift!" (28)

Schließlich hatten sich der König und sein Gefolge so weit genähert, daß Maud beobachten konnte, wie ihr Vater sich plötzlich den Hofkaplan Eustacius aus dem Huldigungsspalier herausgriff, ihn an sich zog, ihn dann mehrfach um dessen eigene Achse drehte - und ihn dann mit einem gewaltigen Tritt in die after-belle wieder ins Spalier zurückbeförderte. "Du Becket-Spitzel, richte diesen verbindlichsten Gruß des Königs deinem Herrn aus!" gab ihm Henry II. FitzEmpress auf die kurze Reise mit. Die Umgebung des Königs lachte pflichtschuldigst. Der Hofnarr indes sprang und tanzte um den am Boden liegenden Eustacius, rasselte mit den Schellen und deklamierte in einem fort: "Joho! Joho! Das macht ein Mönchlein froh, kriegt es was Hartes in den hübschen Po!" Allein Heinrich griff sich den vorwitzigen Schellen-Reimer, traktierte ihn wie den Hofkaplan und gab zum besten: "Der Schalk, der jubelt Tag und Nacht, hat man ihm die gleiche Freud' gemacht!" Schier bersten wollte der König vor Lachen - und seine Umgebung gab sich alle Mühe, es ihm gleichzutun.

Schließlich herzte Heinrich seine Söhne, welche ihm die Hofmeister entgegengeführt hatten. "Heinrich, mein Augapfel! Wie, was muß ich da fühlen - auch du hast die Hosen voll? Na, was führst du wohl wider deinen lieben Vater im Schilde? Das werde ich, dein Vater und König, schon noch herausfinden, ha, ha! ... Richard, du kleiner Raufer, wirst du wohl aufhören, deinem erlauchten Vater vor das Schienenbein zu treten, ha, ha! ... Und Gottfried, du Schlingel, wirst du das wohl lassen ... Gottfried, mein Gott, wer hat dir bloß d i e s e n Namen verliehen, ha, ha!" Und die Höflinge lachten pflichtschuldigst mit.

Und dann, nachdem der König seine Söhne viele Male geherzt und zuletzt wieder in die Obhut und Sorge ihrer Hofmeister gegeben hatte, stand Henry II. FitzEmpress auf einmal vor seinen Töchtern Eleanor und Maud. Ein großer Mann. Stämmige Reiterbeine, ein mächtiger Brustkorb, breite Schultern, kräftige Arme; ein langes, kühnes Löwenhaupt, blau-graue Augen, womit er Blicke auf ein Gegenüber zu heften vermochte, als setzte er diesem den zweischneidigen Stahl auf die Brust.

Allein, Maud sah keine majestätische Erscheinung, sondern einen vierschrötigen Riesen vor sich aufragen, der wie ein einfacher Jäger gekleidet war und einen, ihr eklen, Ruch nach Pferd, Schweiß und Leder ausströmte. Sie fürchtete sich vor dessen lauter, heiserer Stimme, vor dessen großen, schwieligen Händen und vor dessen durchdringendem Blick. Sie fremdelte und suchte sich vor diesem schrecklichen

28

Mann, vor dem es ihr so bangte, im Gewand ihrer Meisterinne zu bergen. Von dieser herzlos wieder dem König entgegengeführt, begann Maud zu schluchzen, von der kleinen Eleanor mit schrillstem Gegrein begleitet. "Wohlan, wie der König hört, ist es an der Zeit, daß man die Jungfern Hochzeit halten läßt - am besten mit den Sarazenes! Wer sich die Ohren zuhalten muß, kann kein Schwert mehr führen, ha, ha!" versetzte der König. Und die Höflinge wußten sich über diesen Scherz des Königs vor Lachen kaum zu halten.

Hierauf wandte sich Henry II. FitzEmpress schießlich seiner Gemahlin zu. begrüßte sie mit einem Klaps auf die afterbelle, bot ihr dann galant den Arm und schritt an ihrer Seite gemessen in den Palas.

Während der Nacht, in Bangnis darüber, was dieser schreckliche Waldmensch, den alle ihr stets als ihren Vater und König nannten, wohl mit ihrer hohen Frau Mutter vornehme, schlich sich Maud, heimlich und leise an ihrer ob all des Hütens der königlichen Brut in einen tiefen Schlaf gesunkenen Meisterinne vorbei, an die Tür zur Kemenâte der Königin. Lange verharrte dort die kleine Plantagenet mit der größten Unruhe im Busen. Da hörte sie auf einmal - aus dem Gemach der Königin herausschallend - die rauhe, heisere Stimme des königlichen Vaters fordern: "Dame, ich erinnere Euch der Pflichten gegen König und Gemahl!" Hiernach trat eine unheilschwangere Stille ein, die urplötzlich von einem gewaltigen Ausbruch Heinrichs: "Ja, ja, Elly, schneller, schneller, ja, ja, jaaaa!" zerrissen wurde. Ach, da lernte die kleine Maud das Gruseln. Und bebenden Herzens floh sie des schrecklichen Ortes.

Am nächsten Morgen verließen der König und sein Gefolge den Hof zu Poitiers so plötzlich, wie sie ihn heimgesucht hatten. Maud indes, immer noch in Bängnis, ob der schreckliche Waldmensch "König und Vater" den Hof auch wirklich verlassen habe, schlich sich während der folgenden Nacht erneut vor das Gemach der hohen Frau Mutter. Dort vernahm sie - zunächst zu ihrer größten Beruhigung - das Spiel Bertrands de Ventadorn, welcher der Königin ein minneclich lidelîn zupfte und sang. Dann aber trat eine - für die kleine Lauscherin - höchst eigentümliche Ruhe ein, die unversehens von der Königin mit lustlicher girde (29) unterbrochen wurde: "O nein! Oh, oh, oh ... O Bertrand, du Schlimmer! Nein, noch nicht, nein, neiiiiiin!"

Davon nun auch über die Maßen erschreckt, eilte Maud zu ihre Meisterinne und weckte diese mit der traulichen Frage: "Ach, Frau Meisterinne, sagt, warum brüllt der König, mein Vater und Herr, denn so des Nachts - wie die Ungeheuer in den Drachenhöhlen, von denen ihr mir sooft erzählet?"

"Ach, Prinzeßchen", antwortete da die Meisterinne noch halb im Schlaf gefangen, "der König, Euer lieber Herr Vater, ist ein gar Gestrenger. Geht ihm nicht alles flugs nach seinem königlichen Willen und Ratschluß, dann herrscht er die Untertanen an - auch nachts."

"Und warum schreit er dann aber 'Ja, ja, ja Elly, jaaa'? Und warum jubelt die hohe Frau Mutter des Nachts bei Maître Bertrand so?"

"Ach Prinzeßchen", versetzte da die Meisterinne, schon ein wenig unwillig über die Störung, "weil Eure hohe Frau Mutter das vröuden-spil der Minne doch immer so entzückt - auch nachts."

"Und warum schreit die hohe Frau Mutter dann 'Nein Bertrand, nicht, nein, neiiiin'?"

Allein, es war die Meisterinne schon wieder in den tiefsten Schlummer gesunken. Und wie Maud auch an den Vorhän-

30

gen des Alkovens zog, worin ihre Hüterin des Schlafes zu pflegen geruhte, wie sehr sie auch in Pfühle puffte, gar am naht-gewant (30) der Schläferin zupfte, sie mußte doch weiterer Antwort und Beachtung entraten.

Nach der Vergegenwärtigung dieser Erinnerungsbilder aus dem Jahr 1163, womit sich Maud ihre ersten großen Eindrücke, die sie von ihrem Vater erhalten hatte, so denkwürdig bewußt gemacht hat, wendet sich die Plantagenet in ihrer "Beichte" wieder erinnernd den Ereignissen am Jagdhof des Königs in Woodstock zu, welche ihr dort im August 1164 widerfahren sind.

Nach ihrer Ankunft in Woodstock war Maud von Sir Wanfred Ivanhoe aus dem einzwagen gehoben worden. Er hatte sie auf den Arm genommen und versuchte so, das Kind sicher durch das im Hof des palais wirrende Gemenge aus Knechten, Knappen, Jägern und Rittern sowie Pferden, Maultieren und Hunden zu ihrem königlichen Vater zu bringen. Henry II. FitzEmpress stand auf der großen Freitreppe, die in den palais führte, angetan mit einem grünen grauwerkgefütterten Mantel, und maß mit finsterem Blick das aufgeregte Durcheinander unter ihm.

Unentwegt wurde ins Horn gestoßen. Die Bracken (31) in den Jagdmeuten kläfften und zerrten an ihren zwölf Klafter langen Halsbändern. Pferde schnaubten und wieherten, scharrten und tänzelten nervös. Knechte mühten sich, wohlgefüllte Schnappsäcke mit Mundvorrat sowie kleine eiserne Fässer mit Bier auf störrische Saumtiere zu schnallen. Ritter schalten ihre Knappen und Waffenträger. Falkner, jeder einen kostbaren Ger- oder Bergfalken auf bis zum Ellenbogen reichenden Handschuhen aus grobem Leder tragend, suchten vergebens, ein Spalier für den König vor der Freitreppe zum palais zu bilden. Immer wieder durchbrachen auskeilende Pferde, bockende Maultiere und auf ihre

Knechte und Knappen wild einprügelnde Ritter die Aufstellung. Und in all dem Gewirre und Getöse kreischte von Zeit zu Zeit die Fistelstimme des Hofkaplans Eustacius auf, der Jeremiaden darüber anstimmte, daß kein Christenmensch veranlassen wolle, daß endlich der schwere Trag-Altar von Knechten aufgenommen und geschultert werde.

Bangen Herzens gewahrte Maud, wie ihr Vater auf einmal sie und Sir Wanfred Ivanhoe fixierte. Mit einer herrischen Geste bedeutete Henry II. FitzEmpress seinem Gefolgsmann, die Prinzessin vor ihn auf die Freitreppe zu bringen. Doch da der Ritter im Begriff war, den Befehl seines Königs auszuführen, drängten sich auf einmal drei Mönche aus dem Kloster Saint Swithin vor den König hin und erhoben greinend Klage, daß der Erzbischof Becket den Mönchen ihres Klosters drei Schüsseln (32) von der täglichen Tafel gestrichen habe.

"Mannhafte, liebe Diener unseres Herrn! Ihr, die ihr das Gelübde der Armut abgelegt habt, sagt an, wie viele Schüsseln ließ euch der Erzbischof vorher täglich auf die Tafel setzen?" befragte der König die Klagenden.

"Zehn, Sire!" gaben diese zur Antwort.

"So bleiben euch Wanste noch sieben! Euer guter König Heinrich aber hat nicht mehr Schüsseln auf seiner Tafel als der gemeinste cotter (33) in seinem Reich: drei!" Mit diesen königlichen Worten zog Henry II. FitzEmpress eine der Schwarzkutten an sich heran, drehte den kuttener (34) mehrfach um dessen eigene Achse - und beförderte ihn mit einem gewaltigen Tritt in die after-belle unter das Gemenge der Jagdgesellschaft. Den daraufhin flüchtenden Mönchen pfeilte er die Worte nach: "Entbietet diesen Gruß eurem Erzbischof! Und jeden Tag will ich ihn so grüßen lassen, wenn er euch fürderhin mehr Schüsseln auf die Tafel setzen läßt, als der gute König Heinrich auf seinem Tische findet!" Und es lachte der König. Und es lachte mit ihm der Hof.

Als nun Henry II. FitzEmpress Gruß, Huldigung und Meldung Ivanhoes entgegennehmen wollte, bahnte sich auf einmal Richard de Luci, den man die eiserne Hand des Königs hieß, mit seinen Reisigen einen Weg durch das Gemenge der Jagdgesellschaft. Er stieß einen gefesselten jungen Stutzer vor sich her und brachte ihn vor den König, auf daß dieser ein Urteil über den Gefangenen fälle. Henry II. FitzEmpress wies kurz Ivanhoe und Maud ein Platz zu seiner Linken an und hieß ungnädig den Richard de Luci sprechen.

"Sire", hub dieser an, "der Müßiggänger, kotzen-schalc und Unnutz aus reichstem Hause hier, John Senex genannt , hat versucht, einer Rotte adeliger und reicher Tagediebe zugesellt, in London das Haus des edlen Grafen Ferrer zur Nachtzeit mordbübisch auszuräubern."

"Hängt ihn auf!" beschied der König kaltsinnig. Und brauste weiter: "Und dafür, daß er mich an meinem geliebten Jagdtag, an dem ich der Herzensruhe zu pflegen heische, zum Regieren zwingt - hänge man ihn an den Füßen auf!"

"Gnade, Sire!" flehte da der Bube Senex. "500 Pfund will ich Euch für mein Leben geben lassen."

"Du schätzt die Gnade deines Königs zu wohlfeil ein", versetzte darauf Henry II. FitzEmpress.

"Aber Sire - für 500 Pfund kann man 2000 Ochsen kaufen!"

"Der Ochsen habe ich schon genug um mich. Und da du gegen das Urteil des Königs aufbegehrst - wirst du nun am großen Zeh so lange aufgehängt, bis dir das Fleisch von den Knochen fault."

Da fiel der junge Senex voll der bittersten Todesangst auf die Knie und rief in der größten Verzweiflung aus: "Sire! Sire! Habt doch Erbarmen mit einem noch so jungen Leben - und gewährt - gewährt - Gnade - Gnade - Gnade nach Braunschweiger Art!"

"Braunschweig, aber wo liegt das? Etwa im Staate der Dänen, wo alles faul, spitzbübisch, teuflisch ...?" inquirierte Henry II. FitzEmpress. *Es verlohnt der Mühe, hier einzuschalten: Wie Maud in ihrer Beichte berichtet, ist der oben geschilderte Ausruf für Maud die erste Bekanntschaft mit dem Namen Brûnesvîc gewesen; zum ersten Mal hörte sie von der Stadt reden, die ihrem Leben zum Schicksal werden sollte. Doch fahren wir mit den Ereignissen zu Woodstock fort.*

"Nein, nein Sire! Braunschweig im Sachsenland, die feste Stadt des großen Herzogs Heinrich. (Maud hörte bei diesen Worten des Senex ihren Vater leise murmeln: "Es kann nur einen großen Heinrich geben!") Dort wird einem jungen Übeljahn und Missetäter, so er kein hohes Blut vergossen hat, das Leben geschenkt, wenn ihn unter dem Galgen eine keusche Jungfer freit und so wieder ehrlich macht. Einer solchen Maid lege ich nun feierlich Geld und Gut des größten Wucherererbes Eures Reiches zu Füßen!"

Und gar seltsame Blicke richtete der am Fuße der Freitreppe kniende Senex bei seinen Beteuerungen und flehentlichen Worten - auf Maud. Und gar seltsame Worte hörte die kleine Plantagenet hierauf ihren Vater leise sprechen: "O nein, Bube! Mein Herzblättchen ist schon für einen anderen, noch größeren gimpel-gempel gedacht!" Und laut verkündete der König: "Hört, was der gute König Heinrich sagt! Du, Bube, hast zu räubern versucht, das ist wider die Ordnung des Königs. Du hast dich als ein Reicher unterfangen, Reiche bestehlen zu wollen - das ist wider die Ordnung Gottes. Aber da du noch kein hohes Blut vergossen und nur ein paar Diener des Grafen gedolcht hast, soll dir um deines alten Vaters und deiner Jugend willen - die Gnade des Königs auf Braunschweiger Art zuteil werden!"

Und Henry II. FitzEmpress winkte seinen Getreuen William Marshall herbei, den man das Schwert des Königs hieß, und raunte diesem, da er vor den König trat, etwas ins Ohr. Der getreue William entfernte sich sogleich - und brachte kurze Zeit darauf eine alte Vettel herbei, welche ein rechtes Erbärmdebild gab. In Lumpen gehüllt, die kaum ihre schmutzige Blöße deckte; bresthaft; einäugig; zahnlos; barhäuptig, weshalb man ihres filzigen Haargestrüpps ansichtig wurde, das zahllosen Flöhen und Läusen eine heimelige Stätte bot. "Gnade! Gnade"! wimmerte die Alte, der nicht begreiflich, warum man sie urplötzlich aus dem Kloakenkeller des palais ans Tageslicht gezerrt hatte und auch noch vor den König brachte.

Allein, Heinrich richtete feierlich und gnädig an sie die Worte: "Jungfer Ingelta! Seit den Zeiten Heinrichs I., des seligen Vaters meiner kaiserlichen Frau Mutter, wartest du der königlichen Nachtgeschirre, Harm-Krüge (35) und Brechen-Kübel trefflich und treulich. Des zum Lohne hat dein König dir nun diesen hehren Jüngling, John Senex, des großen Wucherers Raffhand Senex Sohn, zum Manne bestimmt. Königlicher Segen und herrscherliche Beobachtung werden alle Zeit auf und über diesem Bund liegen. Dein Mann wird dir ein großes Haus bieten, dich hinfort als sein liebes Weib traktieren und es dir an nichts fehlen lassen - will er nicht am großen Zeh aufgehängt werden, bis ihm das Mark aus den Knochen läuft!"

"Gnade, Gnade!" schrie da John Senex auf.

"Was blökt der Kerl? Ich bin ihm doch gnädig!" verwunderte

sich Henry II. FitzEmpress. Und er verkündete: "William, du geleitest das glückliche Paar augenblicks gen Canterbury, auf daß es dort - auf königlichen Wunsch - vom Erzbischof kopuliert werde. Das Beilager wird öffentlich vollzogen. Sollte es der Bräutigam dabei an Lust und Lendentat fehlen lassen - peitscht ihm mit dem Ochsenziemer auf die afterbelle, daß es ihn sporne. Wenn nötig, jeden Tag aufs neue - bis das Beilager vollzogen ist."

Und es lachte der König. Und es lachte mit ihm der Hof.

Und Henry II. FitzEmpress befahl den Secretarius Peter de Blois herbei, auf daß er des Königs merkwürdige Herrschertaten, welche an diesem Tage vollbracht, der Nachwelt nunziere. Währenddes fragte die kleine Maud den Ritter Ivanhoe: "Sagt mir doch, Herr Ritter, was ist hier just durch des Königs Wort geschehen?" - "Der König, Euer hoher Herr Vater, hat ein Paar zusammengeführt und gnädig dem Bund seinen königlichen Segen erteilt." - "Und bei der hoch-gezît (36) wird immer um Gnade gefleht?"

Allein, da des Königs Secretarius just die Stufen der Freitreppe herauf zum König geeilt kam, bedeutete Ivanhoe der kleinen Plantagenet zu schweigen, da es sich nicht zu reden gezieme, wenn der König ein güldenes Wort der Nachwelt zu überliefern gedenke. Und kurz darauf hörte Maud ihren Vater dem Secretarius diktieren: "Es kamen aber vor den guten König Heinrich drei Mönche aus dem Kloster Saint Swithin, die Klage erhoben wider den Erzbischof Becket ... und der gute König Heinrich gab ihnen zur Antwort: 'Heinrich, Eurer König, hat auf seinem Tisch nur der Schüsseln drei -'"

"Verzeiht, Sire!" unterbrach ihn da der Secretarius. "Aber auf der königlichen Tafel stehen doch stets zwanzig -"
"Mannhafter, weiser Secretarius! Leih mir dein Ohr!" ver-

setzte darauf Henry II. FitzEmpress. Und er zog mit seinen mächtigen Armen den Peter de Blois an sich. Und er blies ihm, daß es aufbrüllte wie ein Winterorkan über der Nordsee, ins Ohr:

"WIR fürchten die Mitwelt nicht. Sie fürchtet sich vor UNS. Was WIR aber zu fürchten haben, ist die Nachwelt. Sie wird UNS nur dann des Gedenkens wert finden, wenn sie die Wahrheit über UNS weiß. Und diese Wahrheit schreibst du auf!"

Niedergeblasen und betäubt sank darob Peter de Blois vom Podest auf die nächst untere Treppenstufe hinab. Wobei ihn Heinrich noch beschied: "Und nun hin zur schrîbe-stube - oder willst du hier weiter die Treppe wienern?" Und es lachte der König. Und es lachte mit ihm der Hof.

"Für heute ist genug regiert, geherrscht. Nun meine Tochter, mein Herzblättchen, willst du mich nicht begrüßen, wie es dem König gebührt und den Vater erfreut?"

Unversehens hatte sich Henry II. FitzEmpress an die zu seiner Linken plazierte Maud gewandt, welche er bislang kaum der Beachtung gewürdigt.

Kapitul III

In den Wäldern von Oxfordshire

Und wieder sah sich die kleine Maud diesem vierschrötigen Riesen gegenüber, der geltend machte, ihr Vater und König zu sein. Und wieder fürchtete sie sich vor dessen lauter, heiserer Stimme, vor dessen großen, schwieligen Händen - und vor dessen durchdringendem Blick, welcher sie dieses Mal dazu noch, vom verwichenen Zornesausbruch her, aus blutunterlaufenen Augen traf. Und wieder bangte es ihr vor diesem schrecklichen Menschen dergestalt, daß sie laut aufschluchzte und bitterlich zu weinen anfing. So groß war ihre Not und Bangnis, daß sie sich von ihrem königlichen Vater abwandte und gar versuchte, sich unter der Brünne (37) Ivanhoes vor ihm zu verbergen.

Aber der König griff nach dem Mägdelein und zerrte die Widerstrebende mit harter Hand zu sich hin. "Wie, du wagst es, mir zu trutzen? Du weißt wohl nicht, vor wem du hier stehst?!" herrschte Henry II. FitzEmpress sein Töchterlein an. Da nickte bejahend das arme Ding unter Tränen und Aufschluchzen. Allein, das war dem König der Bezeugungen nicht genug. "Nun, so sag es denn, frei und laut heraus, wer hier vor dir steht!" wies Heinrich streng sein Kind an. "Ja, ja, Elly, schneller, schneller, ja, ja, jaaaa!" gab die kleine Maud darauf in treuherziger Verwirrung kund und zu wissen. Und der König lachte nicht. Und auch der Hof lachte nicht - obwohl, wie Maud trotz tränenverschleierter Augen bemerken konnte, sich überall die Wangen aufbliesen und alles vor Lachen, das nicht heraus durfte, schier bersten wollte. Der König aber ließ seine Stimme so mächtig in das Geviert des Hofes schallen, als ob die Posaune des Jüngsten Gerichts bliese: "Man streue mir die Schütte!"

Eilends brachten Knechte Stroh auf das Podest der Freitreppe. Am ganzen Leibe zitternd, streuten sie es vor den König hin. Augenblicks flohen sie danach ihren Herrn, um Kopf und after-belle fürchtend. Denn des Königs Zorn war groß und sein Ausbruch nahe. Und kaum daß die Schütte bereitet, warf sich Henry II. FitzEmpress, König von England, Herzog der Normandie etc. pp. vor Wut schäumend auf das Halmlager, und es siedete aus ihm: "Das war Eleanors Werk! Dieses Luder! Nein, das war Beckets Bubenstück! Nein, das war des Louis Tücke ..."

An dieser Stelle verlohnt es der Mühe, aus Cousin Harros Forschungsergebnissen einzuschalten: Wenn sich Henry II. FitzEmpress von Verräterei umgeben und heimlichem Gewebe umsponnen sah, warf er sich manches liebe Mal auf den Boden - und schnappte über und um sich. Ward ihm vor Ausbruch seiner Raserei nicht eilends eine Schütte gestreut, in die er seinen Zorn beißen konnte, so mochte der königliche Zuschnapp zum Ersatz wohl auch einmal in Strumpfhosen und Waden seiner Mannen beißen. Des Königs nachheriger Schwiegersohn, Heinrich der Löwe, brachte ihm als Präsent von seiner Morgenlandfahrt einen erlesenen, festgeknüpften persischen Teppich mit, der, da leicht zu tragen und schnell ausgerollt, bald Henrys bevorzugteste Tob- und Beißstätte wurde. Der Probst von Stederburg sprengte darüber dereinst aus, nichts habe den englischen König in seinem Leben so dankbar gestimmt und so gerührt, wie diese Delikatesse seines Schwiegersohnes. Aber, als 1173 der große Familienkrieg der Plantagenets begann, war des Löwen kostbarer Isfahan bereits nach einer Woche Streit und Tücke zerrissen und zerschlissen ... Doch wollen wir nicht länger dabei verweilen.

Als nun des Königs Toben und Wüten schier kein Ende nehmen wollte, und als ein jeder Halm der Schütte gebissen und geschlissen war, und als die kleine Maud vor Angst schier vergehen wollte: da erhob sich Henry II. FitzEmpress von seinem Brüllboden, klopfte sich munter pfeifend Staub und Spliß vom Mantel und verkündete Hof und Jagdgesellschaft: "Vasallen, Getreue, dienende Männer! Wir haben des höchsten Vergnügens, dagegen alle anderen Lustbarkeiten zurückstehen, genug gesäumt. Der König will nun der Sorgen vergessen, will der Marter des Throns heute enthoben sein. Auf Mannen, auf zur Jagd!"

Wie hub da wieder an das verworrene Lärmen. Wie rannte und wirrte alles, zuweilen mit den Köpfen aneinanderfahrend, aufs neue durcheinander. Wie keilten wieder die Pferde aus, wie bockten wieder die Saumtiere. Doch endlich, endlich hatte sich der Jagdzug formiert, da sträubte sich nun die kleine Maud, daran zu Pferde teilzunehmen. Der König hatte für seine Tochter in den Kastensattel Sir Wanfred Ivanhoes ein weiches Kissen aufschnallen lassen, worauf sie rittlings vor den Ritter gesetzt werden sollte. Maud indes weigerte sich unter Greinen und Widerworten, sich in diesen Sattel heben zu lassen. Hatte die Königin Eleanor doch - eingedenk der Reitsitten bei den Jagdzügen ihres Gemahls - ihrer Tochter durch die Meisterinne wieder und wieder einschärfen lassen, wie unschicklich es sei, wenn eine Dame wie ein Mann zu Pferde sitze (38).

Als Ivanhoe endlich Mauds Mund die Ursache ihres Trotzes entlockt hatte und der Prinzessin Worte vor den König gebracht wurden, da griffen Knechte auf Weisung des königlichen Ratgebers Arnulf von Lisieux vorsorglich zum Stroh, um flugs damit zur Stelle zu sein, wenn ... Doch Henry II. FitzEmpress, da er solch Präparationen auf seinen Berserker-Brüll gewahrte, schwang sich behende aus dem Sattel, eilte zu seiner Tochter und sprach so leise und so liebevoll - daß es sie wunder nahm zu ihr: "Mein liebes Kind, deine Mutter ist eine garstige Suppentucke, daß sie dir ein so schönes Pferde-Spiel wehren will!" Und laut, auf daß es auch ein jeglicher seiner Mannen vernehme, belehrte der König dann die Prinzessin: "Nur im Sattel lernt der König seine Länder und Vasallen kennen. Nur vom Sattel aus kann ein König seinen

Besitz hüten. Nur vom Sattel herab blickt ein König in seiner ganzen Macht und Herrlichkeit auf seine ihm huldigenden Untertanen. Reisen im Sattel lehrt einen jungen Herrscher seinen Aufgaben. Und nun, meine Tochter, in den Sattel! Auf daß aus dir dereinst eine Herrscherin werde, wie es deine kaiserliche Großmutter (39) gewesen ist!"

Bei den letzten Worten seiner Rede hob der König die kleine Maud, scherzend dabei eine Grimasse schneidend, in den Sattel Ivanhoes. Dann schwang sich Heinrich auf seinen von Pagen herangeführten edlen spanischen Hengst. Kurz hielt er noch, zum Zeichen des augenblicklichen Aufbruchs, seinen Zobelhut hoch über sein Haupt. Worauf der Jägermeister mächtig ins Horn stieß. Und die wilde Jagd stob davon. Saumtiere und Karrengespanne, mit denen alles zum Jagdlager gebracht werden sollte, dessen die Jagdgesellschaft dort bedurfte, folgten langsam hinterdrein.

Zunächst sei sie, so berichtet Maud in ihrer "Beichte", auf dem Jagdausritt noch voll von Bangnis gewesen. Aber nach und nach habe sie mehr und mehr Vergnügen und Lust dabei empfunden. Denn Ivanhoe gab ihr aufmunternde und freundliche Worte, seine breite Brust war ihr ein sicherer Rückenhalt und eine warme Kissenstütze, und zwischen seinen starken Armen saß sie wie zwischen zwei festen Gurten.

Die güldene Morgensonne lachte Maud freundlich an. Weit ausgreifend, warfen die Hufe der Pferde das Land hinter sich. Wie der Wind brauste die Jagd über Wege, Wiesen, Weiden und Felder. Wie lustig fuhren von der Jagd gescheuchte Schafherden auseinander. Und wie jubelnd klang der Zujauchz des Volkes auf, wenn der König und seine Reiterschar an Höfen und Weilern vorüberritten (40). So wunnec-lîche (41) ward es der kleinen Maud auf einmal beim Auf-und-nie-der-Wippen während des Rittes zwischen des Ritters Armen, daß sie davon gar nicht genug bekommen konnte.

Als die Jagdgesellschaft nun an jene Lichtung in den Wäldern Oxfordshires gelangt war, worauf das Jagdlager nach des Königs Willen errichtet werden sollte, und alles vom Pferde stieg, wollte sich die kleine Maud nur höchst ungern aus dem Sattel heben lassen. Doch da sie von Ivanhoe endlich aus dem Sattel gehoben wurde, fragte sie den stolzen Reiter: "Sagt, Herr Ritter, wenn ich Herrscherin geworden bin, wie es der Wille meines Königs und Vaters ist, kann ich dann immer so reiten?" Da versetzte dieser, um sich ihm leidige Kinderfragen weiterhin zu ersparen: "Als Herrscherin, Prinzessin, dürft ihr alles!" - "Dann werdet ihr mein Sattelherr sein!" freute sich die kleine Plantagenet. "Aber nein, Prinzessin, als Herrscherin, da wird Euch ein anderer rei-, ich meine, satteln, ich meine, Euch zu Pferde begleiten müssen-!" beschied sie der Ritter, ein wenig verwirrt - und ein wenig traurig.

In ihrer "Beichte" vermutet Maud, daß ihre damals zwar noch kleine, obschon anmutige Gestalt, ihr blondes Haar, von dem man ihr sagte, es gleiche gesponnenem Golde, ihre leuchtenden, beweglichen blauen Augen, ihr wie aus Rosen und Lilien gemischter Teint, nicht ohne minneclichen Eindruck auf den Mann des Königs geblieben sei. Vielleicht hätte Sir Wanfred Ivanhoe sogar um Maud geworben, wenn sie nicht die Tochter des Königs gewesen wäre.

Bevor man nun heranging, Hirsche in die Seen zu hetzen, vil starke breite spieze in Bären und Wildschweine zu stoßen, Vögel aufzujagen, um Falken auf sie loszulassen, ließ der König Hütten aus Geäst, jungen Bäumen und Laub errichten, welche der nachfolgende Troß zur Bequemlichkeit der Jagdgesellschaft einzurichten hatte. Auch wurde die Aufstellung eines Kapellenzeltes für den Trag-Altar nicht vergessen.

Während dieser Verrichtungen zupfte Maud Sir Wanfred Ivanhoe, der gerade einige Pagen, die Äste von Bäumen abschlugen, beaufsichtigte, drängelnd an der Brünne. Da er sich ihr zuwandte, eröffnete sie ihm, es quäle das ihr immer dringlicher werdenden Bedürfnis, sich der harm-brunne (42) zu ledigen - und dieses auch mit Ziem tun zu können. Denn vor den Jagdgesellen ihres Vaters zu harmen, die alle rauhe Kerle und keine tschavaliers (43) waren, sei ihr gar zu pînlich. Verärgert stieß der Ritter aus, er sei eine Faust des Königs - und kein Junc-vrouwe-after-belle-Abhalter oder gar eine Meisterinne. Allein, Maud bat und bedrängte ihn so lange, bis er ihr nachgab und sie ein paar Schritte vom Lager hinwegführte. Bevor Ivanhoe die kleine Plantagenet in die Büsche gehen ließ, schärfte er ihr jedoch ein, sich nicht vom Lager zu entfernen. Sie habe hier, an diesem Ort, auf ihn zu warten, bis er sie dort abholen werde; seine Aufgabe, die Pagen zu beaufsichtigen, heiße ihn, sich noch für einen Augenblick von ihr zu entfernen.

Wie nun Maud in den Büschen schamec die giez (44) ließ, hörte sie auf der dem Lager abgewandten Seite des Strauchwerks so süeze stimme von kleinen Vogelzungen, daß sie sich - aufs höchste neugierig geworden - alsbald dorthin wandte. Als sie aus dem Gestrüpp trat, fand sie eine kleine Blumenwiese vor sich gebreitet, über der die allerschönsten Falter ihr Gaukelspiel trieben. Munter hüpfte und haschte da die Kleine nach den Schmetterlingen, bis sie letztlich an den Rand einer Dickung geriet, wo nun ein plötzlich an ihr vorüberflüchtendes Reh ihre ganze Aufmerksamkeit gefangen nahm. Von dem heftigen Verlangen getrieben, das Tier streicheln zu wollen, eilte Maud ihm durch das Unterholz nach. Dabei geriet die kleine Plantagenet nach einiger Zeit des Umherstreifens und schließlich auch Umherirrens an den Rand einer kleinen, verschwiegenen Lichtung, auf der sie - zu ihrer größten Überraschung - den Vater nebst seinem Rateinbläser, Arnulf von Lisieux, ausmachte.

Um nun nicht entdeckt zu werden, denn ein unbestimmtes Gefühl der Bangnis riet ihr, sich vor ihrem Vater zu verstekken, verbarg sich Maud hinter dem mächtigen Stamm einer alten Eiche. Die Worte, die sie bald derauf aus des Königs Mund und von den Lippen seines Rateinbläsers hören mußte, hat Maud damals, im Jahr 1164, kaum verstanden. Aber in ihrer "Beichte" versichert sie ausdrücklich - "des ich bin mit wârheit wol bewaeret, zwâre des versihe ich mich" (45) -, daß ihr diese Reden wortwörtlich im Gedächtnis haften geblieben sind.

Da Cousin Harro diese Passage aus "Mauds Beichte" besonders der Beachtung und Forschung wert fand, hatte er davon Abschriften und Übersetzungen gefertigt, die, da sie glücklicherweise das Inferno der Schlacht um Berlin überstanden haben, uns nun in die Lage setzen, den von Maud belauschten Dialog zwischen Henry II. FitzEmpress und Arnulf von Lisieux ebenfalls wortwörtlich präsentieren zu können.

Als sich nun Maud hinter der Eiche verbarg, erregte sich just der König: "Nulfy, mein treuer Normanne! Nacht für Nacht, wieder und wieder, quält deinen König dieser Alp. Mir träumt, ich sei ein Schaf, das Strauch, Gebüsch und jungen Baum verbeißt, auf daß sich die Wildnis in grüne Weide wandle. Auf daß ich des Futters genug habe, Wolle die Fülle zu geben. Wolle für die Webstühle Flanderns. Wolle, die das Wohl der Bauern, ja des ganzen Landes mehrt! Aber da ich nun weide im grünen Tal, steht auf einmal ein Bär, der heißt Baron, in eherner Rüste vor mir. In seinen schrecklichen Augen steht Morddurst - und mit einem gewaltigen Hieb seiner Tatze reißt er mir die Brust auf, daß das Blut in unendlichem Strom hervorschießt.

Da eilt auf einmal Becket herbei. Er hebt den Krummstab, daraus eine gräuliche Schlange wird. Und die Schlange rin-

44

gelt sich mir ums Bein und schlägt mir den Giftzahn ins Fleisch, daß es mir am Leibe wie Feuer brennt.

Jetzt stürmt ein wilder Eber heran, der heißt Frankreich, und schlägt mir mit den Hauern den Wanst auf. Und da stößt aus den Lüften herab die Harpyie (46) Eleanor, schlägt die ehernen Fänge mir in den Rücken und atzt sich an meiner Leber. Indessen springen kleine Wölfe um mich herum, als da sind: Richard, Gottfried und Heinrich. Kaum daß den Welpen der erste Zahn hart geworden, schnappen sie nach mir.

Und da nun alles an mir hängt, beißt, würgt und schindet, kommen Raben von London herbeigeflattert und hacken mir ins Aug'. Endlich aber eilen zwei Hirten herbei, Alexander und Viktor. Da sie aber im Streite liegen, wer von ihnen mich bis aufs Blut scheren dürfe: gestehen sie einander zu, mich christlich zu teilen. Und sie holen zwei Kreuze herbei, die sie wie Bihänder halten - und schlagen mich damit entzwei."

"Sire", hob da an Arnulf, dem König den Rat einzublasen, "ein paar scharfe Streiche, rasch geführt, möchten Euch wohl von der Königin und ihren Bastarden, ich meine, Euren Kindern -"

"Das ist aus dem Herzen gesprochen, treuer Nulfy! Aber nicht aus dem Kopf. Ich will von der Nachwelt Heinrich der Größte genannt werden - und nicht Herodes II. Und überdies: Lasse ich der Henne samt ihrer Brut den Kopf abhakken, verliere ich dabei auch deren aquitanischen Stall (47), woran mir doch soviel gelegen ist. Nein, warten will ich, bis mir diese Krampfhenne in den Finger zwackt, dann darf ich sie für immer in einen Glucken-Sack (48) stecken lassen. Die kleinen Hähne will ich, alle zusammen, in ein Kampfesrund sperren: es werden bald die Federn fliegen und viele Tropfen

Blut den Staub rot sprengen. Und mit Vergnügen schaue ich dem Treiben zu."

"Gut gesprochen, Sire! Und besser noch: gar bald getan. Allein, werden Barone und Bürger nicht die Zeit, da Ihr mit hausväterlichem Werk beschäftigt seid, zur Fronde und zum Aufruhr nutzen?"

"Steht eine mächt'ge Faust, geballt aus Kräften meiner andren Länder, jenseits des Kanals zu stetem Schlag bereit, so wird sich diesseits dieses Wassers der Übermut zu ducken haben. Doch damit mir nun der König Louis, Frankreichs wildes Schwein, diese große Macht nicht mehr von hinten beißt und trampelt, will ich Fritz the Blitz auf den Nacken ihm und auch an die Kehle hetzen. Fritz ist mit der Champagne und auch mit Burgund im Bunde, reicht er mir noch die Hand: sieht sich der wilde Eber Louis von einer Meute rings umstellt."

"Aber Sire, Kaiser Friedrich wollt Ihr Euch verbünden, jetzt, da ihr an Mailand, Cremona, Parma und Bologna heimlich große Summen Geldes schickt? Und sie das Gold bald nutzen werden, des Kaisers Herrschaft über sie für immer aufzuheben?"

"Nulfy, das ist des Spieles nächster Zug. Hat der Kaiser Barbarossa bald für Italien keine Mittel mehr, hab' ich Italien und das Mittelmeer!"

"Das Sire, ist Königs-Kunst! Und wenn's beliebt, nenn' ich's hinfort Real-Politik. Doch wohl bedacht sollt' man die Sache wagen. Was nun, wenn Barbarossa diese Schelmerei, dies Bubenstück dereinst verargt und Euch mit Mißgunst, gar mit scharfem Schwerte plagt?"

"Dann will ich ihm 'nen Löwen an die Kehle hetzen, der

jetzt schon, zweifelnd noch, zum Sprunge ist bereit. In Tiutschland kann es nur Friedrich oder Heinrich geben: stehn beide - nach außen hin - auch in dem schönsten Freudschaftsbund. Gleichwie in England, wo es auch nur Platz für Heinrich oder Becket gibt!"

"Sire, es dreht sich alles mir im Kopfe. Des großen Plans Gestalt und Ziel vermag ich einfach nicht zu fassen."

"Das, bester Nulfy, hoff' ich für die anderen Köpfe auch!"

"Allein, wie wollt Ihr Euch den Rotbart und Sachsenherzog denn verbünden, da solche Herren man nur mit güld'nen Banden hält - und unsere Schätze ..."

"Dem Kaiser werde ich bedeuten, ich ließe meinen Alexander fahren und stützte Viktor, Rotbarts Papst. Allein, den Teufel werd' ich tun, mir diese kleine Kutte an den Tisch zu holen! Und um den Staufer weiter mir geneigt zu machen, biet' ich ihm was von Frankreichs Landen, von Louis' Ländern, wohlgemerkt. Und werd' dem Staufen-Adler noch ein Fleisch anbieten, des er bedarf für seinen Sohn. Königliches Fleisch. Ein solches Fleisch, das einem Gott verliehen, soll man nicht ungenutzt vertrocknen lassen. Dem Sachsenherzog mangelt's, wie mir Luci steckte, auch an dem rechten Fleisch, allein, bei ihm für Lendenlust und Lendentat, sein Stamm droht ihm zu dorren. Da es den Heinrich wild nach königlichem Fleische giert, um seinen Wahn nach Macht und Ebenbürtigkeit zu mästen, wo denn, wenn nicht bei UNS, will er ein solches finden?"

"Sire, bedenkt", wandte da der Rateinbläser ein, "vom Sachsenheinrich ist bekannt, er nimmt ein Fleisch nur auf, wenn es in einer Schüssel liegt, die silbern oder gülden ist."

"Wahr gesprochen, Nulfy! Der Löwe ist nicht allein nur eitel, geil und gierig - ein Pfennigzähler ist er obendrein. Sei's drum - da WIR es sind, die eines Tages ihn beerben!"

"Sire, da Herzog Heinrich unter 30000 Pfund (49) die Hand wohl nicht wird reichen wollen, wird man, da unsere Truhen leer, beim Volk ein Steuergeld erheben müssen. Um den gemeinen Mann für diese schwere Last ein wenig zu begeistern, bedarf es schon des starken Arms. Den Brautpfennig einzusammeln, sei einem anbefohlen, der die Erben enterbt, die Waisen ungerührt ins Elend stößt, dem Bauern die letzte Kuh aus dem Stall holt - ohne je zu zweifeln an der Pflicht, die König und Reich ihm auferlegen."

"Mich deucht, der rechte Mann, den Pfennig für die Mitgift beizutreiben, ist der junge Sheriff von Nottingham. Er ist so schön verhaßt beim Volk. Die Sache macht ihn noch verhaßter. Und ereilt ihn bald darauf mein Strafgericht, wird da nicht alle Welt den guten König Heinrich loben?!"

"O Königs-Kunst! Und welche von den Maiden wollt Ihr nun dem Staufer, welche dem Welfen geben?"

Und da mußte die kleine Maud an jenem Augusttag im Jahre des Herrn 1164 vernehmen: "Die Brut des Adlers bekommt die kleine Eleanor. Soll der Löwe an Maud seine Freude haben!" Maud verstand diese Worte ihres königlichen Vaters so, daß er sie einem Löwen, ihre Schwester einem Adler zum Fraße vorwerfen wolle. Was nun für das Kind so über die Maßen unerhört und schreckend war, daß es seiner inneren Bewegung darüber nur durch augenblickliche Flucht Ausdruck verleihen konnte.

Maud rannte ohne Besinnen kreuz und quer durch den Wald. An Dornbüschen riß sie sich Beine und Arme blutig. Zweige schlugen ihr gegen den Leib und ins Gesicht. Schließlich, da sie voller Verzweiflung und tränenüberströmten

Antlitzes umherirrte, gelangte sie, ohne daß sie selbst recht wußte wie, erneut auf jene Blumenwiese, worin sie - noch in heller Morgenfreude - Schmetterlinge zu fangen versucht hatte.

Als die kleine Plantagenet nun schluchzend und des weiteren Beginnens unschlüssig über die Wiese strich, erhob sich plötzlich - wie aus dem Nichts auftauchend - vor ihr eine Frauengestalt, die an Schönheit des Körpers und Antlitzes, auch an Pracht ihres Gewandes alle Frauen übertraf, die Maud bisher gesehen hatte. Ihre sanfte, einnehmende Miene, ihr freundliches Lächeln flößten dem kleinen Mädchen Vertrauen ein. Und zutraulich wollte sich Maud sogleich an sie wenden - da gewahrte das Mädchen auf einmal, daß die dunklen Augen der Frau anfingen wie Holzkohlestücke in einem Kohlenbecken zu glühen. Und daß aus deren Gewand Schlangen sich züngelnd hervorringelten.

Es rieselte der kleinen Plantagenet kalt das Rückgrat herunter und dann überzog Fieberhitze Kopf, Gesicht und Brust. In unnennbaren Schrecken gehalten, wollte Maud davonlaufen. Allein, es war ihr unmöglich. Eine furchtbare, ihr gänzlich unbekannte Macht, hielt sie an ihrem Platz fest.

"Hab keine Angst, kleine Maud!" vernahm das Mädchen eine seltsam hallenden Stimme, die wie aus grosser Ferne zu ihr herklang. "Du bist ein Fleisch aus meinem Blute, du bist ein Sproß von meinem Stamm. Ich bin deine Ururgroßmutter." - "Du bist Valtrada, die zouberaerinne (50)!" schrie Maud auf und wollte sich bekreuzigen. Indes, sie konnte ihre Arme nicht rühren, wie festgebunden lagen sie an ihrem Körper an.

"Nein Kind, keine zouberaerinne! Eine arme Frau bin ich, die dafür, daß sie das Haus Anjou (51) mit aller Macht zu einem blühenden Geschlecht gemacht hat, für immer und ewig verdammt ist - und mit ihr die ganzen Plantagenets. Aber um deines reinen, unschuldigen Herzens willen, sollst du von diesem Fluch erlöst werden. Diese einzige Gnade hat mir der Herr gewährt. Du bist ausersehen, ein neues Geschlecht zu begründen, das fromm und kühn für den Herrn streiten wird. Ein Geschlecht, auf dem sein Auge mit Wohlgefallen ruhen kann (52). Dich dahin zu geleiten, zu schützen und zu behüten ist mein letztes Werk, bevor die ewigen Feuer der Verdammnis mich umlohen werden. Und nun kehre zu deinem Vater zurück. Nichts wird dir geschehen. Ich wache über dich! Und nun - geh!" Und mit diesen Worten schwand die unheimliche Erscheinung im Nu vor Mauds Augen und hinterließ nach ihrem Verwehen noch eine unerträgliche Schwüle und einen ekelhaft dumpfigen und schwefeligen Qualm.

Als die kleine Maud wieder bei Sinnen war, fühlte sie auf einmal ungewarnt eine harte Hand auf ihrer Schulter. Sie schrie wie am Spieß. Doch dieses Mal war es kein Gespenst - sondern Sir Wanfred Ivanhoe. Er gab ihr harte Worte zu hören, daß sie sich trotz seiner Ermahnung, sich nicht vom Lager zu entfernen, so lange im Wald umhergetrieben habe. In der größten Besorgnis - auch um seinen Kopf, mit dem er dem König für das Leben des Mädchens haftete - hatte er beinahe den ganzen Tag nach Maud gesucht.

Da Ivanhoe Maud vor den König brachte und dieser beiden harsche Vorhaltungen machte, trotzte die kleine Plantagenet ihrem Vater: "Mein Vater und König, Ihr werdet mich nicht den Löwen vorwerfen. Mich schützt hinfort die mächtige Valtrada!" Und der König lachte dröhnend. Und mit ihm lachte die ganze Jagdgesellschaft. "Da siehst du, Ivanhoe, was daraus folgt, wenn man Kinder zu lange allein in der Sonne spielen läßt. Sie kriegen einen kleinen Stich und wissen nicht mehr zwischen Traum und Tag zu unterscheiden. Aber Mauds Meisterinne werde ich stäuben lassen für das maerelîn

(53), mit dem sie zur Abendstunde unschuldige Kinder geängstigt hat."

Aber da sich der König von Ivanhoe und Maud abwandte, hörte sie ihn noch leise sagen: "Valtrada! Daß mir die alte Metze nie erscheint?! Die Plantagenets kommen vom Teufel - und sie gehen zum Teufel. Aber bis es soweit ist, machen wir allen anderen die Hölle heiß!"

Hinweis: Weitere Erinnerungen Mauds, das Jagdlager betreffend, sind mir - bis auf eine Merkwürdigkeit - nicht erinnerlich und können auch aus Cousin Harros Forschungspapieren nicht rekonstruiert werden.

Am Abend jenes denkwürdigen Augusttages im Jahre 1164 waren überstaubte und unter der Last des von ihnen geschulterten Trag-Alters erschöpft wankende Knechte im Jagdlager des Königs angelangt. In eigentümlicher Aufregung und heidnischer Hast bedeutete der Hofkaplan Eustacius den müden Trägern, den Altar, welchen sie gerade von ihren Schultern genommen und abgesetzt hatten, augenblicks wieder aufzunehmen und unverzüglich ins Kapellenzelt zu schaffen.

Henry II. FitzEmpress, dem das seltsame Gebaren des Kaplans nicht verborgen geblieben war und der dazu noch eine aufkommende Unruhe bei der Jagdmeute gewahrte, befahl dahingegen, den Trag-Altar auf eines der offenen Lagerfeuer zu setzen. Zutiefst erschrocken über ein solches beabsichtigtes Sakrileg und vom Kaplan mit allen Strafen der Hölle bedroht, weigerten die Knechte sich, den Befehl des Königs auszuführen. Da zog der König, allein mit seiner gewaltigen Körperkraft ausgerüstet, den Altar mühsam aufs Feuer.

Und siehe, kaum daß der Holzaltar von Flammen umzüngelt

wurde, öffnete sich eine in ihm verborgene Luke - und ein schwarz gewandeter Unhold mit rußgeschwärztem Gesicht sprang aus dem Feuerkreis hervor. Er zog ein kurzes Schwert, um sich eine Fluchtbahn durch das Lager zu hauen. Allein, ein wohlgezielter Speerwurf Sir Wanfred Ivanhoes heftete den Mordbuben augenblicks an jenen Scheiterhaufen, dem er zu entkommen versucht hatte.

Gemessenen Schrittes näherte sich danach König Heinrich dem wie Espenlaub zitternden Eustacius. Wortlos drehte ihn der König mehrmals um dessen eigene Achse und versetzte ihm dann einen so gewaltigen Tritt in die after-belle, daß er im hohen Bogen aus dem Lager in ein fernes Dornendickicht flog. "Der nächste top dop (54), der solches wagen will, fliegt bis an den Kirchturm von Canterbury!" gab der König kund und zu wissen. Und der König lachte. Und mit ihm lachte die ganze Jagdgesellschaft.

Kapitul IV

Am Hof von Rouen

Hinweis: Wie in den "Pipe-Rolls" zu lesen steht, trafen am 15. April 1165 Gesandtschaften Kaiser Friedrichs I. und Herzog Heinrichs des Löwen am französischen Hof Henrys II. FitzEmpress zu Rouen ein, um zwei Hochzeiten anzubahnen: die Vermählung von Barbarossas Sohn Friedrich mit König Heinrichs Tochter Eleanor; den Ehebund zwischen Heinrich dem Löwen und König Heinrichs Tochter Maud.

Zuvörderst, seinen hohen Rang zu würdigen, wurde der Führer der kaiserlichen Gesandtschaft, Barbarossas Kanzler Bischof Rainald von Dassel, vom englischen König in Privataudienz empfangen. Vor Beginn der offiziellen Verhandlungen reiste Bischof Rainald mit gnädigster Erlaubnis Henrys II. FitzEmpress noch von Rouen nach London. Barbarossas Kanzler wollte die Großen Englands über die politischen Absichten des Kaisers unterrichten, die dieser mit der Vermählung von Friedrich mit Eleanor verfolgte.

Allein, zu der von Rainald beabsichtigten Unterredung mit Vertretern des englischen Adels kam es nicht. Beim Empfang, der für den Bischof Rainald im Schloß Westminster gegeben wurde, hieß ihn der Gastgeber, Vizekönig Robert of Leicester, einen Erz-Schismatiker (55) und verweigerte ihm die ehrende Begrüßung mit dem Friedenskuß (56). Darüber aufs äußerste empört, brach der Bischof und Kanzler seine England-Visite sofort ab, reiste nach Rouen zurück und drohte Henry II. FitzEmpress ob des Torts, der ihm als Kanzler des Kaisers in Westminster angetan worden war, mit dem Abbruch aller Verhandlungen - einschließlich der über die beabsichtigte Vermählung des kleinen Friedrichs mit Prinzessin Eleanor.

Wie wir dazu, laut Cousin Harros Papieren, aus den "Map-

Rolls" entnehmen können, hatte der inzwischen exilierte Erzbischof Thomas à Becket den französischen König Louis VII. bestimmen können, den Earl of Leicester dergestalt mit einer Handsalbe von 500 Mark Silber (57) zu schmieren, daß dieser sich dem gespitzten Kußmaul Dassels verweigerte. Durch diesen Skandal sollte das sich anbahnende Bündnis zwischen Staufern und Plantagenets vereitelt werden. Ein Bündnis, das sowohl dem französischen König als auch dem von Becket unterstützten Papst Alexander III. gefährlich werden konnte. Der französische König sah sich dadurch von Einkreisung bedroht. Papst Alexander III. hatte die wachsende Stärke der Anhängerschaft des vom Kaiser patronisierten Gegenpapstes Paschalis zu fürchten.

Um sich nun die Fangnetze seiner Diplomatie nicht von der Narrengilde seiner Höflinge, Räte und Großen niedertrampeln zu lassen, befahl Henry II. FitzEmpress den Earl of Leicester unverzüglich an seinen Hof zu Rouen, auf daß der Unmanierliche dort dem Dassel gebe, was des Kaisers sei. Gleichzeitig befahl König Heinrich seine Gemahlin Eleanor nebst seinen Töchtern Eleanor und Maud nach Rouen, auf daß seine Töchter dort den Gesandtschaften präsentiert würden.

Nachdem wir die Szene ausgehellt haben, auf der sich das Folgende abspielt, kehren wir wieder zu den Erinnerungen Mauds zurück.

Ende April 1165 reiste Maud, in der Hut ihrer königlichen Mutter und begleitet von ihrer kleinen Schwester Eleanor sowie von ihrem Bruder Richard, zum französischen Hof ihres Vaters. Auf der Fahrt kam es - wie sich Maud in ihrer "Beichte" erinnert - zu dem nachstehenden Mutter-Tochter-Gespräch.

"Hohe Frau Mutter, sagt an, muß ich in Rouen wieder mit meinem Vater und König in so einen bösen und schrecklichen Wald reiten? Aber reiten will ich dann wieder mit dem

Ritter Ivanhoe!"

"Nein, mein Kind. In Rouen sollst du den Gesandten des mächtigen und stolzen Duc Henri von Sachsen und Bayern vorgestellt werden, den du dir zum ê-karl (58) wählen sollst."

"Ist das der karle (59), mit dem ich ein mächtiges Geschlecht gründen werde, das Gott wohlgefällig ist, wie es mir die Magica Valtrada im Wald zu -"

"Still Kind! Niemalen mehr wirst du den Namen dieser Plantagenet-Hexe nennen. Eine Bauerndirne, die dies täte, würde unsere Heilige Kirche sofort schmauchen lassen."

"Aber die Valtrada hat doch gesagt, daß sie keine -"

"Fin! Niemalen mehr - hörst du?! Gut. Nun, der große und mächtige Duc Henri hat UNS die Ehre bezeigt, bei deinem Vater und König um deine Hand anhalten zu wollen. Du wirst seinen Gesandten mit Ziem und Freundlichkeit begegnen, damit sie später dem Duc Henri das beste Bild von dir zu zeichnen wissen - und er dich dann zur vrouwe erkiest (60)."

"Der Duc Henri ist bestimmt nicht so schön wie Ritter Ivenhoe, warum -"

"Still! Du wirst dir deinen ê-karl nach den Wünschen deines Vaters und Königs wählen - sonst sperrt er dich ins Kloster 'Zu den schweigenden Weibern von Windsor'".

"Darf man im Kloster auch reiten?"

"Nein, da wirst du den ganzen Tag in einer kalten, dunklen Zelle eingesperrt. Aber Duc Henri hat viele prächtige Pferde und wird für dich sogar eine Reitbahn bauen lassen."

"Ist es denn bei Duc Henri auch so schön wie in Poitiers?"

"Noch viel schöner. Duc Henri hat 67 Burgen. Alle stolz und kühn. Und über 40 Städte kann er sein eigen nennen. Er hat den glänzendsten Hof der Welt (61), Braunschweig ist die schönste Stadt, die es auf Erden gibt. Du wirst die herrlichsten Kleider haben, und Duc Henri le Lion -"

"Nein! Nein! Der Löwe wird mich nicht fressen. Die Magica Valtrada hat -"

"Maud! Niemalen mehr diesen Namen, hatte ich gesagt! Und nun höre! Den Duc Henri heißt man deshalb einen Löwen, weil er so ein großer und starker Mann ist. Und so ein stolzer, kühner Recke und Herrscher."

"So einer wie mein Vater und König?"

"Wie? Nun ja ... Ja, ja, so ein kühner Recke und Herrscher wie dein Vater (62)."

"Dann wird auch der Duc Henri wie mein Vater nachts in meiner Kammer schreien, daß es mich gruselt: 'Ja, schneller, jaaa, ja, ja...'?"

"Woher weißt du das, du unverschä - Mein Kind, das hast du alles nur im Traum vernommen oder deine Meisterinne hat dir des Abends maerelîn erzählt. Leider kann ich ihr dafür nicht mehr den Rücken tüchtig bläuen lassen, das hat dein Vater und König schon zu ausgiebig tun lassen. Meine Tochter, wenn nach der Hochzeit der Duc Henri in deine Kammer kommt, zum ersten Mal sich in dein Bett zu dir legt, wirst du die Augen schließen -"

"Und was geschieht dann, wenn ich die Augen geschlossen

habe, hohe Frau Mutter?"

"Das wirst du dann schon sehen. Es wird wunderschön sein.
Und wenn am folgenden Tag Duc Henri deine Kammer
wieder verlassen hat, dann bist du eine stolze vrouwe und
verehrte domina. Alle Troubadours in Braunschweig werden
dich in Chansons preisen und ..."

"So wie es Maître Bertrand bei Euch hält, hohe Frau Mutter?"

"Ja, ganz so wie Bertrand de Ventadorn und noch viel -"

"Muß ich denn bei den Braunschweiger Troubadours noch
viel mehr als ihr des Nachts rufen: 'Nein, du Schlimmer,
noch nicht, nein, neiiiiin ...'"

Wie Maud in ihrer "Beichte" festhält, brach bei diesem Ge-
genstand der Unterhaltung das trauliche Mutter-Tochter-
Gespräch abrupt ab. Eleanor, Königin von England und Erbherzogin von Aquitanien, antwortete ihrer Tochter nämlich
auf deren letzte Frage nicht mehr mit Worten, sondern mit
Maulschellen, wie sie auch eine bretonische Bäuerin nicht
härter hätte austeilen können.

In den frühen Morgenstunden des 1. Mai langte Königin
Eleanor mit ihren Kindern Maud, Eleanor und Richard am
französischen Hof ihres königlichen Gemahls in Rouen an.
Noch am Abend des gleichen Tages ließ König Heinrich
seine Gemahlin nebst mitgereisten Töchtern zum Empfang
der kaiserlichen und herzoglichen Gesandtschaften in die
große Halle (63) seines palais befehlen.

Da wurden Maud und die kleine Eleanor aufs prächtigste angekleidet und an der Hand von Meisterinnen hinter ihrer
aufs wundervollste gewandeten und mit Schmuck aufs herr-

lichste gezierten hohen Frau Mutter her in den Festsaal des palais geführt. Maud kam aus dem Staunen über die Pracht und die Herrlichkeit der Halle und der großen Zahl der hier versammelten Grafen, Ritter und anderen vornehmen Herren nicht heraus. Nirgendwo hatte sie solch ein höfisches Gepränge gesehen.

Das Innere der Halle erstrahlte im Licht unzähliger Wachskerzen, Öllampen und Fackeln. Die Wände waren mit kostbaren Tapisserien behängt, der Boden mit Seidenteppichen belegt. Die Thronsessel für den König und die Königin glänzten herrlich von Gold. Die für die Töchter des Königs rechts und links neben den Thronsesseln aufgeschlagenen Sitze hatten Kissen und Polster aus Brokat und kostbarer Zidalseide. Hinter und neben diesen Sitzen vor der hinteren Schmalseite des Saales hatten die Räte, Großen und Ministerialen des Königs Aufstellung genommen, an den beiden Längsseiten des Saales Adelige und Vornehme des angevinischen Reiches mit ihren Damen, dahinter Höflinge, Hofdamen, Pagen und Diener. Mit Harfe und Organistrum kürzten Musikanten der Hofgesellschaft die Zeit bis zum Einzug der Gesandtschaften.

Als Maud von einer Meisterinne zu dem ihr bestimmten Sitz rechts von den Thronsesseln geführt wurde, sah sie und hörte sie zu ihrer Überraschung in ihrer unmittelbaren Nähe - ihren Vater. Er hatte sich just vom Thronsessel erhoben, war zwei Schritte weit in den Saal getreten und redete leise auf den bei ihm weilenden Vizekönig von England, Robert of Leicester, ein. Beide Männer blickten dabei immer wieder zu einem in einiger Entfernung links von ihnen stehenden Mann, der einen kostbaren Bischofsmantel, scharlach und grau gefärbt, trug. Wie Maud später erfahren hat, war dieser Mann des Kaisers Kanzler, der Bischof Rainald von Dassel. Maud beschreibt ihn in ihrer "Beichte" als einen großen, hageren Mann mit wässrigblauen Augen in einem schwammigen Gesicht, das fast weibische Züge hatte. Doch Dassels Antlitz konnte, wie Maud zu ihrer großen Verwunderung beobachtete, für einen Augenblick auch harte Konturen bekommen und Züge, die Maud an einen Fuchs gemahnten.

Als nun der König und der Vizekönig miteinander ins Gespräch vertieft waren, zog der König den Vizekönig auf einmal beiseite, legte ihm scheinbar traulich den Arm um die Schultern und raunte ihm - wie Maud hören konnte - ins Ohr: "Ob der tiutsche Bischof da ein Erschißmatiker ist, ein Heide oder gar Satans eingeborner Sohn - UNS liegt nichts daran, da er des Kaisers Kanzler ist. Verweigerst du dem Dassel hier den Friedenskuß, sieht sich in ihm der Kaiser von UNS nicht mit Ziem und aller Ehr begrüßt - und läßt UNS hinfort nicht mehr grüßen. Nun denn, mein Earl of Leicester, sei deinem König treu und smatz den Dassel mit dem kus!"

Allein, der Vizekönig strûbte flüsternd wider: "Gnade mir, edler künec myn. War vmb mut Ihr mir daz zu? Der Dassel ist nicht kussenlich! Es mäuft ihm aus dem Maul die stenke, als hätte ihm ein Fisch zehn Tag darin gefault. Sire, nehmt all mein Land. Besteigt mein Weib. Den Dassel kann ich nimmer smatzen!"

Darauf zischte nun der zornentflammte König Heinrich seinem Vizekönig ins Ohr: "Mannhafter, lieber Näsling, leih mir dein Ohr! Real-Politik wird an diesem Hofe durch des Königs Wort gemacht - und nicht mit deiner drüzzel (64). Dein Land ist mein seit eh und je. Du bist, was du vergessen, mein Vasall. Dein Weib beschlief ich letztes Jahr mit mäßigem Genuß. Und bötest du dein Haupt auch mir - es wär' vergebens! Des Kaisers Kanzler fordert deine freundlich feuchten Lippen - und dein Kußmund wird ihn smatzen. Des Kaisers Ruhm wird hier geachtet, nicht geschenzelt (65)."

Doch auch danach versuchte der Vizekönig noch Worte wider das Ansinnen seines Königs zu geben. Da schnob Henry II. FitzEmpress: "Ein guter Tritt erreicht oft mehr als tausend weise Worte!" Und er zog den heftig widerstrebenden Robert of Leicester an sich, drehte ihn mehrmals um dessen eigen Achse und gab ihm dergestalt einen Tritt in die afterbelle, daß er mit ausgebreiteten Armen auf Rainald von Dassel zuflog, gegen den Bischof prallte und mit seinem Kopf und seinen Lippen gegen dessen Kanzlerhaupt fuhr. Küsser und Geküßter gingen darüber augenblicks zu Boden. Wobei Robert of Leicester auf den Bischof zu liegen kam.

Als herbeigeeilte Pagen Rainald von Dassel unter dem noch in Sturzblödigkeit befangenen Earl of Leicester hervor- und emporzogen, richtete der König huldvoll an ersteren die Worte: "Seht, teurer Bischof und Kanzler des UNS viellieben Kaisers Friedrich, mit welcher Herzlichkeit man Euch hier begrüßt und auch den Friedenskuß entboten hat. Vielleicht ist es ein wenig ungestüm geschehen, doch unter Englands Adel eilt man dem Gast zum Willkomm eben flugs entgegen."

Der tiutsche Bischof, als man ihm auf die Beine geholfen, abgeklopft und abgebürstet hatte, entgegnete darauf kaltsinnig: "Sire, in der Tat, die Herzlichkeit ist an Eurem Hof einfach überwältigend." Darauf antwortete freudig gestimmt der König: "Bester Bischof Rainald, wie wahr und schön habt Ihr da von UNSERER Herzlichkeit gesprochen. Euer Wort soll auch an des Kaisers Ohr, das habt Ihr zu versprechen!"

Hierauf wandte sich der englische König dem immer noch ausgestreckt daliegenden Earl of Leicester zu. Heinrich packte ihn mit der linken Hand am Rockkragen, mit der rechten am Gürtel, hob ihn dann waagerecht auf und schwang ihn schließlich hin und her, als ob er einen Strohsack schwänge.

"Leicester, hab Dank für deine Dienste! Du bist jetzt aus dem Saal entlassen. Der gute König Heinrich schenkt dir alle Freiheit wieder, die du in seinem Dienst so lange hast entbehren müssen. Und wie ein Vogel, der unversehens aus dem engen Käfig kommt, sollst du dich sogleich an ihr erfreuen!"

Und kaum daß Henry II. FitzEmpress dies verkündet hatte, warf er mit kühnem Schwung den Earl of Leicester - ohne dabei in die Zielrichtung des Wurfes zu blicken - zur Seite. Der so beschleunigte Leicester durchbrach mit dem Kopf voran die dicken Butzenglasscheiben eines Saalfensters - und flog ins Freie. König Heinrich hob ob des Kunstwurfes, den er so glücklich vollbracht hatte, triumphierend die Faust. Er wurde vom Hof heftig applaudiert. Auch Rainald von Dassel versagte dem König seine Bewunderung nicht.

Nach diesem Kraftakt nahm Henry II. FitzEmpress würdevoll im Thronsessel Platz und gab seinem Marschall das Zeichen, die vor dem Saal des Einzugs harrenden Gesandtschaften vor ihn zu führen. Auf daß er, wie er seiner königlichen Gemahlin bedeutete, sich zuvörderst an den Geschenken der Gesandtschaften ergötze und hiernach über die confoederatio (66) mit Staufern und Welfen verhandeln wolle.

Kapitul V

Gesandte und Gesenkte

Hinweis: An Ursache und Verlauf des Tumultes, der beim Ein-
zug der Gesandtschaften aufkam, hat Maud, wie sie in ihrer
"Beichte" mitteilt, kaum eine Erinnerung behalten - außer daß es
dabei gar spaßige Stürze, Wirrnis und viel Geschrei gegeben habe.
Um den Leserinnen und Lesern über diese Merkwürdigkeit
durchaus Wissenswertes mitteilen zu können, schalten wir nun
einen Auszug aus den "Map-Rolls" ein, den ich unter Cousin
Harros Forschungspapieren fand.

An der ersten und vornehmsten Stelle vor dem hohen,
prächtig verzierten Tor, durch das gemeiniglich Gesandtschaften in den Thronsaal von König Heinrichs französi-
schem Hof zu Rouen einzogen, hatte, ihrem Rang entsprechend, die kaiserliche Gesandtschaft Aufstellung genommen.
Allerdings ohne ihren Führer Bischof Rainald von Dassel,
der sich - worüber die Leser und Leserinnen bereits unterrichtet worden sind - schon im Thronsaal eingefunden hatte,
um dort den ihm in England verweigerten Friedenskuß
einzufordern.

An der Spitze von Barbarossas Gesandtschaft, das kaiserliche
Banner den Gesandten vorantragend, stand der kühne Recke
Sigfrit von Sipplingen. Hinter ihm hielt sich mit Mühe Eticho von Haltnau in ziemender Haltung. Des Kaisers Mundschenk trug schwer an einem Geschenk (67), womit Friedrich seinen Standesgenossen Heinrich aufs schönste überra-
schen wollte. Das Geschenk war ein Fäßchen "Weinschwelg" aus den kaiserlichen Schatzkellern der Pfalz Bod-
man. Das kostbare Fäßchen enthielt einen "1151er Schavernac", ein erlesenes Gekelter aus den Rebsorten Muggler
und Ekke. Ein Becher dieses wahrhaft kaiserlichen Tropfens
arbeitete stärker als vierundvierzig Becher Bier. Den Be-

schluß des kaiserlichen Gesandtschaftszuges bildeten: Barbarossas Hofdichter Heinzelin von Constanz, der eine von ihm ververste Grußbotschaft des Kaisers an Henry II. FitzEmpress deklamieren sollte; der kaiserliche Kämmerer Rudolf von Straakenhahn, welcher am angevinischen Hofe den Ehekontrakt zwischen dem Kaisersohn Friedrich (noch nicht zwei Jahre alt) und der kleinen Eleanor von England (gerade vier Jahre alt geworden) aushandeln sollte.

Rudolf von Straakenhahn und Heinzelin von Constanz hatten sich - à la mode - die Stirn rasieren lassen. Zum Ausgleich dafür zierten ihr Hinterhaupt lange Locken, die - weil brenneisengekräuselt - ganz ungemein putzten. Als Gesichtsaufmachung trugen die beiden kleine, besonders raffiniert gestutzte Bärte. Heinzelins Haupt zierte ein Schapel (68) aus aneinandergereihten Blüten, Rudolfs ein Hut, der mit Pfauenfedern belegt und mit Gold, Perlen und Edelsteinen reich bestickt war. Beide trugen exzellent geschnittene, halblange lichtgrüne Röcke, dessen kostbarer Oberstoff Ziklat goldbroschiert war. Dazu hatten sie ihre Beine in eng anliegende, goldfadendurchwirkte rote Strumpfhosen gekleidet, welche ihre Waden aufs aufreizendste betonten. Gefensterte, üppig verzierte Schnabelschuhe machten den Beschluß ihrer eleganten Aufmachung. Als bizarreries (69) fielen an den Obergewändern Heinzelins und Rudolfs die weit über die Handgelenke fallenden und bis auf den Boden ausgestellten Prunkärmel auf. Gewöhnlich wurden diese Prunkärmel gerafft getragen. Hielten die beiden Gesandten ihre Unterarme waagerecht - und stellten sie die Prunkärmel zur Schau -, so konnten sie mit diesen den Boden fegen.

Die hinter den kaiserlichen Gesandten plazierten Mannen Heinrichs des Löwen mußten nun, kurz bevor die Gesandtschaften vor den englischen König gerufen wurden, aus den Mündern Heinzelins von Constanz und Rudolfs von Straakenhahn das Folgende vernehmen.

"Rudi, sag an, wo hast du nur diesen Ärmelschnitt machen lassen - etwa in Flandern? Nein, und erst das Höschen, wie angestrichen wirken die Beine. Wie das alles, was uns wichtig ist, so süß hervorhebt. Und so schick betont. Ganz, ganz, göttlich. Huch, nein, diese Schlitze an den Kniekehlen, was die alles zeigen. Nein ist das gewagt."

"Heinzi, das ist nicht gewagt - das wird Mode! Was heute der Straaki trägt, trägt morgen schon der Kaiser und übermorgen alle Welt ... Doch Heinzi, woher kommt dieser ekle Ruch? Es stinkt gemein und dörperlich. Wer mäuft denn hier nach Sau und Suhle?"

"Rudi, das können nur die Braunschweiger hinter uns sein!"

"Brunsquiek, aber Heinzi, wo liegt das? Ist das nicht die kleine Schweinesuhle irgendwo - wie heißt doch dieses wilde Land, worin nur top dops hausen? - ach ja, in Sachsen. O Gott, Braunschweiger hinter uns! Das ist für eine edle Nase nimmer zu ertragen. Nachbar, Eurer Fläschchen mit dem Rosenduft ..."

Mit wachsendem Ingrimm hatte die Gesandtschaft Heinrichs des Löwen, bestehend aus dem Bannerträger Haudrauf von Glokkow (Oberster der herzoglichen Leibwache), Jordan von Brake (Truchseß), Rainhard von Stade (Kämmerer) und Geyler von Stuttengard (Marschall), dem Schmälen und Sticheln der Kaiserlichen zugehört (70). Herzog Heinrich, der elende Knauser, hatte seine Gesandten nur in einfache Gewänder aus Rüninger Rupfen, noch nach altem Sackschnitt genäht, kleiden lassen. Dazu trugen sie Beinlinge aus Lederriemen und Fellen. Für die einzige Zier ihrer Aufmachung, einem schalartigen Stoffumhang, der blaugelb gestreift war, hatten die Gesandten selbst tief in den Beutel greifen müssen. Als sich die Gesandten vor ihrer Reise nach Rouen über ihre, einer Gesandtschaft nicht würdige, Ausstaffierung bei Heinrich dem Löwen beklagt hatten, bedeutete er ihnen: "Hinter eurem schlichten Aufzug steht ein mächtiger Heerbann streitbarer Sachsen und Bayern. Davor allein hat die Welt Achtung. Und was steht hinter den Herrchen Friedrichs, gewandet nach den neuesten Einfällen?"

Hier nun, am französischen Hof Henrys II. FitzEmpress, stand zwar kein Heerhaufen zähnefletschender welfischer Kriegsflegelschwinger hinter den herzoglichen Gesandten, um ihnen die Achtung, welche ihnen gebührte, zu verschaffen, aber pars pro toto stand an der Spitze des Gesandtschaftszuges Haudrauf von Glokkow. Arbeitslosung: "Helm auf und drauf!" Der Oberste der herzoglichen Leibwache knurrte ob der Häme der Kaiserlichen wie zehn Doggen, knirschte mit den Zähnen und hub an, das alte Braunschweiger Kampflied zu brüllen: "EinTracht, EinTracht, EinTracht, eine Tracht wollen wir ihnen geben!" Nur mit Mühe konnte der Führer der herzoglichen Gesandtschaft, der Truchseß Jordan von Brake, den Bannerträger davon abhalten, dem Heinzelin von Constanz und dem Rudolf von Straakenhahn den quât (71) aus dem Hirn zu klopfen.

Da schmetterten auf einmal die Trompeten, die Trommel schlug den Marsch, und die hohen Flügeltüren des Huldigungstores öffneten sich zum Thronsaal hin. Gemessenen Schrittes zog die kaiserliche Gesandtschaft in den Saal ein, die braunschweigische stampfte hinterdrein.

Bekundungen ungläubigen Staunens von Höflingen und spitzigste Entzückensschreie von Hofdamen empfingen Heinzelin von Constanz und Rudolf von Straakenhahn, als sie hübsch posierend nebeneinander in den Thronsaal schritten. Solch einen fashionablen Aufputz an bis auf den Boden ausgestellten Prunkärmeln und raffiniert geschlitzten Strumpfhosen hatte man bisher weder an den englischen noch an den französischen Höfen Henrys II. FitzEmpress gesehen.

Da sich nun alle Aufmerksamkeit der im Thronsaal versammelten Hofgesellschaft auf die Gesandten Kaiser Friedrichs warf, blieb von Beistehenden unbemerkt, daß der Bannerträger Heinrichs des Löwen, der den Kaiserlichen auf dem Fuße folgte, auf einmal aus dem Stampf-Takt kam - und einen Ausfallschritt machte. Dabei setzte Haudrauf von Glokkow seinen in den welfischen Landen allseits gefürchteten Plattfuß sowohl auf den über den Boden schleifenden rechten Prunkärmel Rudolfs von Straakenhahn als auch auf den über den Boden schleifenden linken Prunkärmel Heinzelins von Constanz.

Urplötzlich an jeweils einem ihrer Prunkärmel festgehalten und damit aus dem Schritt-Takt gerissen, verloren die beiden kaiserlichen Gesandten augenblicks das Gleichgewicht. Sie strauchelten jeweils zur rechten und zur linken Seite hin, wobei sie mit ihren Köpfen hart aneinanderfuhren. Bevor aber die beiden an Haupt und Geist Gebeulten zu Boden gingen, keilte der im Sturze begriffene Rudolf von Straakenhahn noch nach vorn aus - und häkelte mit dem Schnabelschuh dergestalt den vor ihm schreitenden Eticho von Haltnau, daß auch dieser im Nu zu Fall kam.

Der kaiserliche Mundschenk und Präsentträger wiederum schlug dabei dergestalt gewaltsam mit der Stirn auf das Fäßchen "Weinschwelg", daß dessen Faßdeckel brach und der Niedergestürzte mit seinem Haupte im Fäßchen stecken blieb. Eingetaucht in jenes Gekelter, wovon ein Becher stärker war als vierundvierzig Becher Bier. Das dem Mundschenk aus den Händen gefallene Fäßchen war beim Hinunterstürzen schließlich noch dem kaiserlichen Bannerträger Sigfrit von Sipplingen so ungemein heftig auf die Waden geschlagen, daß dieser nach vorn lang hinstürzte. Im Hinstürzen schlug es ihm die Fahnenstange dergestalt aus der rechten Hand, daß sie ein paar Schritte weit durch den Thronsaal flog - und sich mit ihrer Speerspitze in den rechten Fuß des vor dem Thron des englischen Königs seiner Gesandschaft harrenden Kanzlers Rainald von Dassel bohrte. Rainald schrie laut auf, stieß allerunchristlichste Flüche aus, hielt sich den versehrten Fuß und hüpfte wie angestochen auf dem unversehrten im Kreis herum.

Verwirrung und Entsetzen über das Vorgefallene griffen unter der Hofgesellschaft Platz. Allein, die Braunschweiger stampften munter - als hätten sie eine wackere Viktoria davon gebracht - über Rudolf von Straakenhahn und Heinzelin von Constanz hinweg, um den mit dem Kopf im "1151er Schavernac" verblubbernden Eticho von Haltnau herum, schließlich über den noch sturzblöden Sigfrit von Sipplingen hinweg. Da die Mannen Heinrichs des Löwen vor den König gelangt waren, trat Haudrauf von Glokkow mit dem Löwenbanner grüßend beiseite, wobei er seinen Plattfuß auf das darniederliegende Adlerbanner des Kaisers setzte. Und vor traten der Truchseß Jordan von Brake und der Kämmerer Rainhard von Stade. Beide verbeugten sich tief vor dem König und entboten hiernach der Königin den ziemenden Gruß.

Sodann schwangen die beiden Gesandten dreimal die blaugelbgestreiften Stoffbahnen, die sie um den Hals gehängt getragen hatten, über ihrem Kopf, als ob sie Fahnentücher schwenkten. Dazu stieß Haudrauf von Glokkow in ein kleines Elmhorn, daß etliche von der beistehenden Hofgesellschaft vor Schreck auf die after-belle fielen. Hierauf hoben Jorden von Brake und Rainherd von Stade unisono an, daß es mächtig durch den Thronsaal hallte:

> "Herzoge Hinrich eyn fürste lobesamen,
> Der het land, lüde, ere und vel guot,
> Und ist genennet mit dem namen,

Von Bruneczwigk, ein edels blud.
Bruneczwigk der Löuve!
Leu! Leu! Leu!"

Hinweis: Das Folgende können wir wieder aus Mauds "Beichte" erinnern, da Maud, wie sie in ihrer Confessio mitteilt, der Auftritt der Mannen Heinrichs des Löwen vor dem Thron Henrys II. FitzEmpress unauslöschlich geblieben ist. Besonders das Traktament, welches sie hierbei vom herzoglichen Marschall Geyler von Stuttengard empfangen hat.

Für die neunjährige Maud war es ein wahres Gaudium gewesen, zu sehen, wie die kaiserlichen Gesandten gleichwie Kegel fielen und der Bischof Rainald die Hupfdohle machte. Sodann hatte sie zu ihrer größten Verwunderung Männer vor dem Thronsessel ihres Vaters und Königs aufziehen sehen, die ihr vorkamen wie Waldschrate und ganz und gar nicht zu dem Bild passen wollten, das ihr die hohe Frau Mutter von Reichtum und Macht des Duc Henri gemalt hatte.

Während nun Jordan von Brake und Rainhard von Stade Huldigungs- und Grußverse in einer Sprache deklamierten, die Maud nicht verstand und die sie gar seltsam knarrend und krächzend anmutete, tobte Rainald von Dassel, immer noch auf einem Bein hüpfend, wider den herzoglichen Bannerträger. Der Bischof suchte vergebens, Haudrauf von Glokkow zu zwingen, den Plattfuß vom kaiserlichen Banner zu heben. Als es mit dem Gezeter, Gezerre und Gebuffe durch den Bischof kein Ende nehmen wollte, nahm der herzogliche Bannerträger mit der Linken das vor Rainalds Brust hängende schwere güldene Bischofskreuz hoch und gab ihm damit kurz etwas EinTracht auf den drüzzel.

Wie schrie da des Kaisers Kanzler Zeter und Mordio. Und alsogleich hüpfte er vor den Thronsessel des englischen Kö-

nigs. Dort plärrte er Henry II. FitzEmpress etwas von Bubenstück und Verrat vor und setzte ruhig und kalt noch
hinzu, daß er dem Kaiser schon noch erzählen werde, wie
man ihn an diesem Hof so hoch schimpfieret habe. Alsdann,
ohne der Antwort des Königs zu harren, wandte er sich augenblicks um und hüpfte eiligst aus dem Thronsaal.

Daraufhin resignierte der König leise auf provenzalisch, aber
so leise denn auch wiederum nicht, daß es Maud nicht hätte
hören können: "Wer als König herrschen will, braucht dazu
dumme Köpfe um sich herum. Aber wenn in den Köpfen,
die ihn umgeben, gar nichts ist - wie bei diesen Braunschwei-
gern hier! -, dann wird einem König die schönste REAL-
POLITIK zum narre-werc (72)." Alsdann aber ermannte sich
Henry II. FitzEmpress wieder und winkte seine Eil-Emissäre
Richard de Poitiers und John of Oxford herbei. Als sie hinter den Thronsessel König Heinrichs traten, raunte ihnen der
König - unbewegten Mienenspieles und stets die herzoglichen Gesandten fixierend - auf provenzalisch zu: "Männer,
der Erzbihupf, ich meine, der Erzbischof, also der Dassel ist
schimpfieret worden. Eilt ihm nach und macht ihn wieder
lustig. Wenn er vor Fritz the Blitz zu plärren anfängt, wird
es hinfort für mich nicht mehr sehr spaßig. Ihm nach - und
versprecht dem Dassel alles, was er will!" Da aber fragten ihn
die Emissäre: "Wirklich alles, Sire?" Und der König antwortete ihnen: "Alles! Schleckt ihm die Füße, haltet ihm die after-belle hin, macht und sagt sonst etwas - aber macht ihn
mir wieder lustig! Und nun nicht länger gesäumt. Ab mit
euch!"

*Hinweis: Wie Cousin Harros Forschungsergebnissen zu ent-
nehmen ist, holten König Heinrichs Eil-Emissäre den Bischof
Rainald erst am 22. Mai 1165 ein. Kurz vor Würzburg, wo Rainalds Kaiser und Herr justament einen Hoftag abhielt. Woran
wiederum zu sehen, wie schnell ein "Hinkender Bote" sein kann,
wenn er nur genug "geladen" ist. Äußerst ungnädig gestimmt,*

hörte sich der Bischof und Kanzler die Beteuerungen und Exkul-
pationen an, welche ihm die Emissäre Henrys II. FitzEmpress
überbrachten. Erst als ihm die Herren Richard und John ihre
prachtvollen after-bellen darboten, und er sich daran und darin-
nen ein wenig abreagiert hatte, heiterte sich die Miene Bischof
Rainalds von Dassel auf. Vollends ward sodann seiner Forde-
rung nach Genugtuung durch die Emissäre Genüge getan, als
diese am 23. Mai 1165 vor Hoftag und Kaiser schworen, daß ihr
König Heinrich hinfort alle seine Bischöfe auf den von Barba-
rossa patronisierten Gegenpapst Paschalis vereidigen werde. Rai-
nald meinte nun händereibend, er hätte endlich ... Wie aber hatte
er sich da in Henry II. FitzEmpress getäuscht. König Heinrich
war eben ein Mann, dessen politische Absichten noch schwerer
abzuschätzen waren, als die Flugbahn eines Adlers (laut der Mei-
nung von Heinrichs Sekretär Peter de Blois).

Als der Bischof und Kanzler des Kaisers sich aus dem Thronsaal hüpfend entfernt, der Truchseß Jordan von Brake gemeinsam mit dem Kämmerer Rainhard von Stade das Herr-
scherpaar begrüßt und behuldigt sowie Henry II. FitzEmpress seine Emissäre dem Rainald von Dassel hinter-
hergeschickt hatte, trat des Löwen Marschall, Geyler von
Stuttengard, vor den englischen König. Geyler verbeugte
sich mit unbeholfenem Ziem (73) und brachte die Geschenke
Heinrichs des Löwen an Henry II. FitzEmpress, die er bislang über die waagerecht gehaltenen Unterarme gelegt getragen hatte, vor den König hin. Und zwar: eine zweischneidige
Streitaxt mit güldenem Kugelknauf; einen Streitkolben aus
Eisen, dessen Handhabe mit feinem Silberdraht umwickelt
war; ein sorgfältig genageltes Maschenpanzerhemd mit an-
schließenden Ärmeln, Lenden und Rüsthosen.

In holprigem Französisch pries Geyler von Stuttengard dem
König die Geschenke des Löwen als Meisterstücke aus den
herzoglichen Schmieden zu Gittelde. Vor Beflissenheit stot-
ternd, gab er kund, daß die Streitaxt nach ihrem Stifter

"Heinrichs Hacke", der Streitkolben "Heinrichs Hammer" genannt werde. Und schließlich mühte er sich noch vergebens, König Heinrich leidlich die Widmung Heinrichs des Löwen ins Französische zu übersetzen, die dieser in das Blatt der Streitaxt hatte gravieren lassen:

"King Henry werter Recke
Hierbei Du mein gedenke
Führ' die Hack' stets frohgemut
Laß ganz keinen Kopf und Eisenhut."

Doch Henry II. FitzEmpress achtete der Präsente kaum und maß den Marschall gelangweilten Blickes. Was wiederum den Geyler dazu bewogen haben mochte, ein Interesse des Königs an den herzoglichen Präsenten dadurch wecken zu wollen, daß er den vor dem Thronsessel niedergelegten Streitkolben aufnahm, damit einige wilde Streiche durch die Luft führte und dabei belehrend dem König kundgab: "Das ist für EinTracht und Haue!" Allein, währenddes hatte sich unversehens der bislang noch am Boden liegende kaiserliche Bannerträger erhoben und mühsam aufgerichtet, den Kopf hochgereckt ... Nun, der Bannerträger erlebte die einschlagende Wirkung von "Heinrichs Hammer" dergestalt, daß er hinfort, und für immer in Walhall dieses Meisterstück Gittelder Schmiedekunst preisen konnte.

Da stierte Henry II. FitzEmpress den Geyler von Stuttengard aus vor Zorn blutunterlaufenen Augen an und bedeutete ihm barsch, Heinrich der Löwe werde ob dieses und der bisher von den herzoglichen Gesandten vollbrachten Kunststücke vor dem Kaiser die Verantwortung tragen müssen und nicht ER. "Och", versetzte da der Geyler treuherzig, "der Kaiser ist des Herzogs bester Freund. Und unter Freunden nimmt man so ein kleines Malheur nicht gleich krumm."

"Fragt sich nur, wie lange noch!" hörte Maud dazu ihren Vater leise auf provenzalisch bemerken. Dann erhob sich Henry II. FitzEmpress plötzlich und ließ seine Stimme erschallen: "Man bahre die verstolperten kaiserlichen Gesandten in der Hofkapelle auf oder, so noch möglich, bringe man sie aufs Krankenlager. Für die Kranken schicke man nach Flandern zu dem heilkundigen wîp Moll, auf daß sie herbeieile und die Kaiserlichen wieder lustig mache! WIR aber wollen nun mit den Gesandten UNSERES viellieben Duc Henri le Lion über die confoederatio verhandeln!"

Allein, zuvörderst hoben keine Verhandlungen an, sondern brünstigste Rufe der Begeisterung: "Prachtvolle Stute, reinrassig, hûs in optima forma, nur noch eine kleine Probe der Rittigkeit - Ach was! Wozu noch markten - die Stute nehmen wir, die nehmen wir!" Und dann machte der, über dessen Gehege von Zähnen diese Worte gesetzt hatten, auch noch Anstalten, sich der Königin zu nähern ... Wie erbleichten da der Truchseß und der Kämmerer. Spornstreichs zogen die beiden den Geyler von Stuttengard vor den Thronsesseln weg und schoben ihn unsanft hinter sich. Wie den "Map-Rolls", laut Cousin Harro, zu entnehmen ist, sollen Jorden von Brake und Rainhard von Stade den Geyler eine bloedec nuz sowie eine blint-slîche geheißen haben, weil er die Königin mit der prinzeßlichen Braut, die Mutter mit der Tochter verwechselte.

Hinweis: Geyler von Stuttengard prätendierte, der beste Pferdekundige und erfolgreichste Pferdezüchter des Heiligen Römischen Reiches Deutscher Nation zu sein (74). Seit ihm Bruder Columban, Abt der Benediktinerabtei auf der Reichenau, aus des Platons Schriften gelesen hatte, daß das Weib ein Mittelding zwischen Mensch und Tier sei, erhob Geyler auch noch den Anspruch der erste Frauenkenner des Reiches zu sein. Motto: "Stute und Weib, da ist kein Unterschied. Das wußten schon die alten Griechen."

Wie Cousin Harro vertraulichen Briefen von Herzog Heinrichs Sekretär Gaerwyn d. Ä. entnehmen konnte, hatte der Löwe, besessen davon, wieder einen Erben zu haben, seinen Gesandten vor deren Reise nach Rouen besonders eingeschärft: "Achtet mir darauf, ob die Maud auch geberunge (75) aussieht!" Alsogleich versetzte Geyler: "Wer sollte denn beurteilen können, ob eine Stute sich zur Zucht wohl eignet, wenn nicht Euer Marschall, mein Herzog?!"

In Unkenntnis der Sitzordnung am Hofe Henrys II. FitzEmpress hatte Heinrichs Marschall Geyler nun seinen Pferdekenner-Blick auf die falsche "Stute" gelenkt. Wie den "Map-Rolls" zu entnehmen ist, zog bei jenem Empfang in Rouen Königin Eleanor aber auch dergestalt alle Blicke auf sich, daß des Geylers Fauxpas damit zwar nicht entschuldigt, indes aber erklärt werden kann. Eleanor trug ein hauteng anliegendes Kleid, das in einer faltenreichen Schleppe endete. Unter dem feinen Seidenstoff Pufoz zeichneten sich Eleanors Formen, die einer Statue für die Göttin Venus zum Vor-Bild hätten dienen können, aufs deutlichste ab, ja, der transparente Stoff soll sogar so eng am Körper der Königin angelegen haben, daß ein Betrachter den Eindruck erhalten konnte, Eleanor sei oberhalb des Gürtelbandes aus Goldgewebe - nackt.

Ulrich von dem Türlin hat diesen Bericht aus den "Map-Rolls" später in sein Werk "Willehalm" wie folgt eingearbeitet: ... dâdurch man vollekliche sach, / swaz sie liebes ab diu karle brâcht, / man sach ir schoene brüstelin (76)." Doch kehren wir wieder zu Mauds Erinnerungen zurück. Zurück zu einer Brautschau, deren Schaustück abzugeben, Maud das bemitleidenswerte Los hatte.

Während nun dem Geyler von Stuttengard vom Marschall König Heinrichs die "rechte" Braut gezeigt wurde, über deren "Wurftauglichkeit" der Marschall Herzog Heinrichs ja befinden sollte, hörte Maud den Geyler immer wieder er-

staunt und enttäuscht fragen: "Wie? Was? Das Fohlen da?"
Und ihren königlichen Vater in einem fort auf provenzalisch
stöhnen: "Wenn ich die doch alle bloß in die after-belle treten dürfte!"

Dazwischen lärmten Schatzkanzler Richard FitzNigel und
Kämmerer Rainhard von Stade über Mitgift und Brautrüste
Mauds. Der eine schrie: "Iustum pretium!" Der andere hielt
dagegen: "Turpe lucrum!" Dann ließen beide sich Kurse von
der Antwerpener Stockfischbörse reichen, und Maud hörte
etwas von "pretium datum" (77) reden. Schließlich tobte der
Richard FitzNigel: "Was, Ihr wollt immer noch weiter han-
deln, Rainheart of State? Mit welcher Berechtigung? Braunschweigs Beutel sind leer. Vor jedem Kauf muß Euer Herzog
doch den Pfennig so lange umdrehen, bis das Stück glüht.
Für ein Silberstück nur würdet ihr doch König Artus'
Großmutter als des Herzogs Braut von hinnen führen, so
klein ist Euer Schatz!" Und Rainhard von Stade schnob wider: "Dieser Schimpf soll Euch vergolten werden, Riechhart
Wixnigel! Sogleich wird unsere Fahrt gen Paris gehen, zu des
Königs Louis Hof. Seine Töchter sind schön, seine Truhen
sind voll - und freigebig ist seine Hand!"

Da aber erhob sich Henry II. FitzEmpress von seinem
Thronsessel und bedeutete seinem Schatzkanzler, daß dieser
hinfort ohne jedwedes Geiz-Gekeife mit der Gesandtschaft
des viellieben Duc Henri le Lion verhandeln möge, sonst
werde ihm der König noch in die after-belle treten, daß er
bis nach Jerichow fliege. Und dem Rainhard von Stade
bedeutete der englische König, daß der Kämmerer augenblicks nach Paris reisen könne, wenn dieser es wünsche. Nur
möge Reinhard bedenken, ob er danach seinem Herzog
Heinrich noch unter die Augen kommen wolle - mit einer
aus Paris herbeigeschleppten Herzogs-Braut, welche die
Tochter eines Königs sei, der nur die Macht eines
Zaunkönigs habe.

74

Richard und Rainhard endigten augenblicks ihre Händel. Flugs stellten sie sich seitwärts vor die Thronsessel hin. Sodann schlug Richard mit der Innenfläche der rechten Hand gegen die Innenfläche der rechten Hand Rainhards wenn er ein Gebot abgab. Kämmerer Rainhard tat desgleichen, wenn er dagegenhielt. Und beide ließen hören: "200000 - Nein, 80000! ... 180000 - Nein, 100000! ... 160000 - Nein, 120000! ... 140000 - Ja, 140000! ... Gekiest und erkoren? ... Gekiest und erkoren!" Und dabei blieb es auch. Es bedurfte nur noch des Plazets des Zuchtstutenkenners Geyler von Stuttengard - und Maud Plantagenet würde für eine Mitgift von 140000 Ochsen, gleich 35000 Mark Silber, zuzüglich Brautrüste, den Besitzer wechseln.

Auf eine befehlende Geste Henrys II. FitzEmpress hin wurde Maud vor die Thronsessel geführt, wo alsogleich des Marschalls Geyler Schau und Prüfung an ihr begann, daß sie nicht wußte, wie und was ihr geschah. Geyler kniff Maud in die after-belle, drückte ihr leicht mit dem Daumen in den Nacken und befand: "Muskelbildung an Kruppe und Halsung vortrefflich - das läßt auf eine hohe Leistungsfähigkeit schließen!" Geyler fuhr mit dem Zeigefinger der rechten Hand an Mauds Rücken entlang; er packte die junge Plantagenet an den Schultern, drückte diese leicht hin und her und befand: "Sattellage und äußerer Aufbau sehr gut!" Geyler hob Mauds Gewand bis an deren Knie hoch und befand: "Beinstellung, Sprunggelenke und Stellung der Vorderhufe ausgezeichnet!" Geyler schob Mauds Gewand an deren Beinen noch weiter hoch und befand: "Edle, trockne Stute!" Sodann warf Geyler sich in Positur und kündete dem Truchseß Jordan von Brake und dem Kämmerer Rainhard von Stade: "Edle Stute von Adel! Rasserein! Sehr gut zusammenpassendes Erscheinungsbild! Vor Prüfung der Rittigkeit unter Fremdreitern noch Beschau der Zähne zur Feststellung des Alters!"

Geyler zog mit den Zeigefingern derb Mauds Lippen auseinander, entblößte ihr Gebiß und befand: "Na ja, noch ein
Fohlen. Gut zwei Jahre noch auf die Weide geben, dann
dürfte sie als Jungstute langsam deckreif sein -" Da aber biß
Maud ihn plötzlich in die rechte Hand, trat ihm vors Schienenbein - gleichwie die Prinzessin ihren Brüdern bei Raufe-
reien etwas heimzuzahlen pflegte - und flüchtete sich schrei-
end, daß sie als Prinzessin nicht zwei Jahre auf einer Weide
leben werde, zu ihrer königlichen Mutter hin. Geyler befand: "Alle Hagel! Das ist aber kein reines englisches Kalt-
blut. So ein Temperament! Das läßt auf eine Einkreuzung
mit Arabern schließen -"

"Was sagt dieser Braunschweiger da?" inquirierte plötzlich
Königin Eleanor mit schneidender Stimme (78).

"Nichts mehr, o huldreiche Königin!" kam es unisono aus
den Mündern Jordans und Rainhards. "Den Marschall Geyler hat ein plötzliches Unwohlsein überfallen, und er bittet
Eure Majestäten, sich zurückziehen zu dürfen!" Des sich an-
bahnenden Ünglücks zu wehren, hatten Jordan und Rainhard den Marschall Geyler blitzschnell niedergeschlagen und
ließen die "bloedec nuz" von Haudrauf aus dem Thronsaal
schleifen.

Alsdann gaben der Truchseß und der Kämmerer des Löwen
den Majestäten im Namen ihres Herzogs kund und zu wissen: "Beschlossen und besiegelt ist der Handel nun. Zu Michaelis 1167 soll Prinzessin Maud bei ihren königlichen Eltern das Beilager halten, das sie in MEINE munt (79) gibt.
Alsdann soll die Maud - mit Mitgift und Brautrüste wohl
versehen - gen Sachsen ziehen, um MIR dort angetraut zu
werden. In Braunschweig daselbst soll das Beilager vollzogen
werden. Die Maud will ich hiernach MEINE vrouwe heißen,
die Untertanen sollen die vürstinne Maud dann Herzogin

Mathilde heißen. Bruneczwigk der Löuve! Leu! Leu! Leu!"

Und da die herzoglichen Gesandten aus dem Saale zogen, stöhnte Henry II. FitzEmpress laut auf: "Noch so eine Gesandtschaft - und ich entsage aller Herrschaft und ziehe mich in ein Kloster zurück!"

"Wie ich Euch kenne, mein Gemahl und Gebieter, wird das ein Nonnenkloster sein!" fügte Königin Eleanor dem hinzu.

Kapitul VI

Ein Beau und eine Bataille

Von Juni 1165 bis August 1167 verlief Mauds Leben in vergleichsweise ruhigen Bahnen. Nur die Geburt ihres Bruders John (80), dem ihre hohe Frau Mutter am 24. Dezember 1166 im königlichen Palast zu Oxford das Leben schenkte, versetzte die junge Plantagenet in Aufregung. Nachdem ihre königlichen Eltern zu entscheiden beliebt hatten, daß Maud Heinrich den Löwen zum ê-karl bekommen sollte, und Königin Eleanor ihre Tochter daraufhin oft über die phlihten (81) einer Herzogin belehrt und ihr aus dem Complimentirbuch "Chastiement des Dames" über die Feinheit der Sitte und des Taktes, welche die Welt zuokünftic von Maud erwartete, Unterricht erteilt hatte - spielte Maud mit den Jungfern und Hoffrauen, die ihr aufzuwarten oder sie zu begleiten hatten, wieder und wieder "Duchesse de Brunswick". So mußten die Frauen beinah jeden Tag Spalier stehen, um einer "Herzogin" zu huldigen, die ein "mächtiges und gottgefälliges Geschlecht" begründen wollte. Da aber nun die Königin Eleanor im Wochenbette lag, begehrte Maud, dadurch an- und aufgeregt, auch "Wochenbett der Herzogin von Braunschweig" zu spielen. Allein, da man die junge Plantagenet nicht an das Wochenbett ihrer königlichen Mutter vorließ, wußte sie nicht recht, wie und womit sie ihr Spiel beginnen sollte. Nun vergoß sie so lange über und für ihr Anliegen Tränen, bis ihr eine herzensgute Hoffrau ein "Söhnchen" nähte, das Maud auf den Namen Heinrich taufte und neben sich - dem Ratschlag der Hoffrauen folgend - in ihr Bett legte. Von nun an mußten ihr Hoffrauen am "Wochenbett der Herzogin von Braunschweig" aufwarten. Und all ihr Schluchzen und Trutzen darüber hatte ein Ende.

In naher Zukunft aber, als Herzogin Mathilde, sollte Maud, wie sie zum Vorstehenden in ihrer "Beichte" anmerkt, während der ersten Jahre ihrer Ehe viele durchwachte und durchweinte Nächte haben, weil sie schlechthin nicht swanger (82) werden konnte. Was sie auch gerade deshalb so betrübte, da seit ihrer Begegnung mit Valtrada in den Wäldern Oxfordshires in ihr der Glaube immer mächtiger und fester aufgekommen war, daß sie, Maud, auserkoren sei, ein "mächtiges und gottgefälliges Geschlecht" zu begründen. Ein solcher Glaube hätte einer Jungfer von zehn, elf Jahren, wie sie es damals gewesen sei, eigentlich fremd sein müssen, schreibt Maud. Und gar oft sei es ihr auch vorgekommen, als ob sie solche Gedanken nicht selbst gedacht, nicht selbst ausgesprochen habe, sondern etwas Unbekanntes in und aus ihr.

Hinweis: Dieses "Unbekannte" sollte sich Maud im Jahr 1182 aufs schrecklichste offenbaren. Aber wir wollen hier Mauds chronologisch verfaßter "Beichte" nicht vorauseilen. Die geneigten Leser und Leserinnen müssen wir auf einen möglichen zweiten Teil unserer Erinnerungen verweisen.

Der mächtige und feste Glaube Mauds, zu etwas Besonderem auserkoren worden zu sein, hatte nun an und in ihr - von ihren "Spielen" einmal abgesehen - eine eigentümliche Wandlung bewirkt. War sie vor ihrer ersten Begegnung mit Valtrada noch ein scheues, ängstliches Kind gewesen, so trat sie danach von Monat zu Monat, von Jahr zu Jahr, immer selbstbewußter auf. Selbst ihr königlicher Vater, den sonst alle - mit Ausnahme ihrer hohen Frau Mutter - aufs höchste fürchteten, vermochte sie nicht mehr zu ängstigen. Henry II. FitzEmpress, dem diese Veränderungen im Wesen seiner Tochter nicht verborgen geblieben waren, äußerte sich darüber eines Tages - in Anwesenheit Mauds - gegenüber seiner Gemahlin Eleanor: "Was in deine Tochter gefahren ist, möchte ich gern wissen. Gut, daß WIR sie schon bald verheiratet sehen. Soll sich dann der Duc Henri an ihren Grillen und Unverschämtheiten ergötzen. Bliebe Maud bei Hofe, ich fürchte, sie wäre eines Tages imstande, mich vom

Thron stürzen zu wollen. Und ich würde zu einem zweiten Lear!" Königin Eleanor gab ihrem Gemahl zur Antwort darauf nur ein kaltes Lächeln. Wie Maud in ihrer "Beichte" dazu schreibt, dürfte ihre hohe Frau Mutter dabei gedacht haben: "Warte nur, Henri! Das werde ich schon mit deinen Söhnen zu besorgen wissen!"

Anfang September 1167, als sich Maud bei ihrer königlichen Mutter in Poitiers aufhielt, eröffnete ihr diese, daß man unverzüglich gemeinsam nach England reisen werde, um dort der sächsischen Gesandten zu harren, die in Kürze dort einträfen, um Maud nach Sachsen zu ihrem künftigen ê-karl zu geleiten. "Fein", freute sich Maud, "endlich werde ich ein mächtiges und gottgefälliges Geschlecht begründen!" Woraufhin Königin Eleanor ihre Tochter beiseite nahm und sie dahin belehrte: daß es keine gottesfürchtigen Fürsten gebe - denn wären sie gottesfürchtig, könnten sie hinfort nicht mehr Fürsten sein, auch Maud wäre dann keine Prinzessin mehr, die einen Duc Henri zum ê-karl bekäme, sondern müßte als Bauerndirne Gänse hüten und würde einem stinkigen karle zur Frau gegeben; daß sie aufhören solle, von den Prophezeihungen einer Magica Valtrada zu phantasieren - die Stärke und die Macht einer Frau kämen nur aus ihr selbst, nie dürfe eine Frau auf Hilfe von außen hoffen, schon gar nicht auf die Hilfe der Magie; daß Maud gefälligst beobachten solle, wie sie, die Königin Eleanor, ihren Heini im Griff habe - so solle es denn auch Maud mit ihrem Heini halten."

Am 20. September 1167 langte Maud in Begleitung der Königin am Hofe ihres Vaters zu Oxford an. Dort erholten sich Mutter und Tochter erst einmal einige Tage von der anstrengenden See- und Landreise. Henry II. FitzEmpress suchte derweil in Woodstock Erholung vom Griffe seiner Gemahlin - bei Rosamond Clifford. Als am 26. September 1167 zu Oxford vermeldet wurde, daß die sächsischen Gesandten in London eingetroffen seien, wurde augenblicks zum Auf-

bruch nach der Stadt an der Themse gerüstet, wo im großen
Saal des Schlosses Westminster, vor den Edlen Englands, das
Beilager der Königstochter per procura (83) gehalten werden
sollte.

Und so brach am 27. September 1167 ein gar stattlicher Zug
von Oxford nach London auf. An seiner Spitze marschierten
Trompetenbläser und Paukenschläger. Ihnen folgten einige
hundert Berittene des Königs, in prächtiger Rüste, angeführt
von Sir Wanfred Ivanhoe. Dahinter marschierte ein Herolds-
zug mit Stäben und wehenden Bannern. Dann kamen berittene Höflinge in prächtigen Gewändern, darunter waren der
Marschall und der Schatzkanzler des Königs. Ihnen folgten
auf herrlichsten Rossen König Henry II. FitzEmpress und,
an dessen Seite reitend, der Primas von England und Erzbischof von Canterbury - Thomas à Becket! *(Laut Cousin
Harro: Papst Alexander III. hatte durch langwierige Verhandlungen mit dem englischen König Becket eine Rückkehr aus
dem französischen Exil ermöglicht.)* König und Primas folgte
schließlich ein reich verzierter, von zwölf Trägern ge-
schulterter Tragstuhl, worin die in ein funkelndes Braut-
gewand gekleidete Maud saß. Dem reihten sich die Herolde
und Bannerträger der Königin an, denen Eleanor samt etlichen Frauen ihres Hofstaates auf Zeltern folgten. Eine große
Zahl Reiter des Königs, angeführt von William Marshall,
bildete den Schluß des Zuges.

Als nun die Braut in London Einzug hielt, stand viel Volk
aus der Stadt, aus Middlesex und Kent an den Straßen und
jubelte ihr zu. *(Laut Cousin Harro: Henry II. FitzEmpress hatte
es wohlweislich unterlassen, seinen Untertanen kundzutun, wie
hoch sie in der nächsten Zeit für die Mitgift der Braut besteuert
würden.)* Eine kurze Wegstrecke vor dem Schloß Westminster hieß der König den Brautzug plötzlich halten. Er richtete sich, in den Steigbügeln stehend, auf und sprach mit
mächtiger Stimme zum Volk: "Dort sehe ich einen alten

Bettler. Ganz in fadenscheinige Lumpen ist er gehüllt. An UNSEREM Freudentage aber, da mein Herzblättchen Maud verheiratet wird, soll sich auch ein jeglicher meiner Untertanen freuen. Und so er bedürftig ist, soll er getröstet und erquickt werden. Der gute König Heinrich will dafür Sorge tragen, daß dieser arme Mensch dort heute nicht mehr in Lumpen gehen muß. Doch die Ehre vor Gott, den Armen sogleich zu kleiden, überläßt der König großherzig dem Primas und Erzbischof von Canterbury, der nun dem Bettler dort seinen Mantel geben wird!"

Erst ging darob ein Raunen durch die Menge. Dann jubelte das Volk und schob den Bettler, der nicht wußte, wie ihm geschah, vor den König. Allein Becket, der einen kostbaren Bischofsmantel trug, in Scharlach und Grau, aus feinstem Genter Tuch, der am Rand der Kapuze und an der Ärmel- und Schulternaht mit Silberstickerei geschmückt war, der Tasseln (84) aus Edelsteinen hatte, dieser Becket tat so, als ob ihn des Königs Worte nichts angingen.

Da forderte der König: "Tommy, wirf die Kutte her. Der König hat sein Wort gegeben, daß ein Armer erquickt wird!"

Da antworte ihm der Erzbischof: "Ein Bischof bezahlt nicht die Rechnung für die Worte des Königs. Fitzy, du bist närrisch! Der Primas von England kann nicht im Hemd - vor aller Welt - den Brautsegen erteilen!"

Da versetzte der König: "Ein eitler Thomas à Becket kann das sicher nicht, eine wahrer Christenmensch vermag es schon!"

Als nun der König Becket bedeutete, er werde ihm zur Ehre Gottes, zur Beobachtung von des Königs Wort und zum Besten der Armen den Mantel gleich eigenhändig vom Leibe ziehen, da richtete sich der Erzbischof unversehens im Sattel auf und wandte sich an den Pöbel: "Bürger von London! Brüder und Schwestern in Christo! Das Kreuz für sich, die Krone für sich: beide allein können dieser Welt kein Heil schaffen. Gemeinsam aber vermögen sie es zu tun. Das Kreuz und die Krone. Bischof und König! Zum Zeichen dessen wollen WIR, der Primas von England und Erzbischof von Canterbury, diesem Armen hier UNSEREN Mantel geben - und der König gibt ihm ... seine Hosen!"

Kaum waren des Erzbischofs Worte verklungen, flogen sie von Mund zu Mund, und in den Gassen und Straßen Londons erhob sich ein Jubel, der schier kein Ende nehmen wollte. Da stieg Henry II. FitzEmpress, König von England, Herzog der Normandie etc. pp., wortlos von seinem Roß und ließ die Hosen herunter. Mit finsterer Miene. Und zornentflammten Gesichtes.

Nachdem der Zug das Schloß Westminster erreicht hatte, schmetterte hell Trompetenklang auf, und die hohen, goldgefaßten Flügel des Tores zum Palas des Schlosses Westminster wurden von einer Dienerschar bis zum Anschlag aufgeschlagen. In den großen, hohen Saal hinein, darin die Großen und Edlen Englands seit Stunden versammelt waren, zogen zuvörderst die Herolde des Königs mit Stäben und Bannern. Ihnen folgten feierlichen Schrittes: der König und der Primas, Seite an Seite; Maud, gefolgt von ihren Frauen; sodann, an Schönheit und reichen Gewändern wunderbar, Königin Eleanor, gefolgt von Frauen ihres Hofes; zum Beschluß des Zuges Höflinge und Gefolge.

Viele Stimmen, die nun in Jubel laut werden wollten, erstarben plötzlich mitten im Rufe. Aufgeregt und amüsiert flüsterten die Großen und Edlen Englands miteinander hin und her. Prusten ward im Saal hörbar. Dann scholl ein erstes Lachen auf. Und als ob dieses Lachen der erste Wetterstrahl gewesen wäre, an dem sich ein Gewitter entzündet: brachen nun fast alle Großen und Edlen in ein homerisches Gelächter aus, krümmten sich vor Lachen und trampelten vor Vergnügen, daß der Saal erbebte, als ob ihn tausend Ochsen auf einem Treiben durcheilten. Der eitle Thomas à Becket im Hemde; der große Henry II. FitzEmpress barbeinig und um die Hüften nur mit einer kleinen bruoch bekleidet, die sein gewaltiges Gemächt kaum fassen und zu bedecken vermochte: wie war das spaßig und närrisch. Das fand auch Maud - und klatschte vor Vergnügen in die Hände.

Aber Henry II. FitzEmpress gebot dem Gewitter der Schadenfreude Einhalt. Er hob die Hand, und mit mächtiger Stimme gab er den Edlen und Großen von der Tröstung des Armen kund und zu wissen. Da schwiegen die Großen und Edlen - äußerlich! - beschämt. Dem Primas und Erzbischof flüsterte er dann zu: "Bischof Son of a Bitch, du hast mich heute zum König von Narragonia gesalbt. Für jedes Lachen wirst du mir mit einem Tropfen deines Blutes zahlen!"

Und der Erzbischof gab leise zurück: "König Henry to Hell, bedenke, daß ich dir als Toter noch weit ärger sein könnte denn als Lebender - wetten?"

Und der König erwiderte düster: "Mein lieber Freund Thomas, die Wette gilt!"

Bevor noch Maud ihrer Verwirrung über das von ihr mit angehörte Zwiegeflüster zwischen ihrem königlichen Vater und "Onkel Tommy" Herrin werden konnte, schmetterten Trompeten, schlug man Pauken und Trommeln. Von der anderen Schmalseite des Saales her nahte gemessenen Stampfes die sächsische Gesandtschaft. Sie zog zur Mitte des Saales, darin ein großes, prachtvolles Bett aufgebaut war. Um das Bett herum waren kostbare Teppiche aus Toulouser Seide ausgelegt. Die Bettdecke war mit Edelsteinen, Perlen und Goldfadenstickereien verziert. Pagen eilten herbei und

schlugen die Bettdecke zurück, und es schien feinstes Bett-
zeug aus tharsischer Seide im Lichte der vielen tausend Kerzen auf, welche den Saal illuminierten.

König und Primas geleiteten Maud nun feierlichen Schrittes
zum Beilager. Dort angekommen, bedeutete König Heinrich
seiner Tochter, sich an der Längsseite des Bettes zu plazieren.
Sächsische Gesandte, Propst Baldewin von Utrecht und der
Truchseß Jordan von Brake, geleiteten einen Vertrauten des
Herzogs Heinrich, den Ministerialen Eilhard von Oberg, an
Mauds Seite. Daraufhin nahmen der König und der Primas
hinter dem Kopfende des Bettes Aufstellung, Propst und
Truchseß hinter dem Fußende. Erst scheu, dann immer
lustlicher, sah Maud Eilhard an.

Eilhard von Oberg! Sein Wuchs glich der Zeder, dagegen
schienen ihr die anderen Braunschweiger Mannen wie
Krüppelkiefern. Sein schmaler, feingliedriger Körper, seine
anmutigen, nahezu tänzerischen Bewegungen, die dennoch
stolz und frei waren, zogen Mauds Aufmerksamkeit auf sich.
Mauds besonderes Interesse weckten Eilhards prächtig in
strahlendem Azur leuchtenden Augen, die scheinbar ver-
schwommen-träumerisch durch Dinge und Menschen hin-
durchblickten (85). Eilhard hatte eine kleine, sanft nach außen geschwungene Nase; und einen Rosenmund, den stets
ein schwermütig-geheimnisvolles Lächeln umspielte. Um
seinen Nacken wallte blondgelockt das mit einem Blüten-
kranz bekrönte und mit Bändern gezierte Haar. Eilhard war
in ein kostbares, mehrfarbiges Seidengewand mit wehendem
Saum gekleidet, das, wie Maud erstaunten Ausrufen einiger
Hoffrauen entnehmen konnte, nach allerneuestem Genter
Schnitt gefertigt war.

Als nun Primas und Propst das Beilager gesegnet hatten und
Braut und Bräutigam per procura aufgefordert waren, das
Beilager zu halten, schrie Maud auf einmal wie am Spieß:

"Gnade! Gnade! Gnade!" - weil sie dachte, dies gehöre nun einmal zu einer Kopulation (86). Peinliche Stille erfüllte darauf den großen Saal des Schlosses Westminster. Aber Eilhard von Oberg bot Maud galant den Arm, und sprach in bestem Französisch mit dunkler, wohltönend-warmer Stimme zu ihr: "Prinzessin, Frauen habe ich schon viel der Gnaden erwiesen. Doch keine hatte währenddessen Ursach, um Gnade zu flehen!"

Obwohl Maud der Worte Sinn nicht ganz enträtseln konnte, fühlte sie sich von ihnen gleichsam bezaubert - und bestieg sogleich, von Eilhard aufs ziemlichste geführt, das Beilager. Nachdem sich Braut und Bräutigam per procura niedergelegt hatten, zog der Truchseß Jordan von Brake Eilhards Gewand ein wenig hoch, desgleichen tat Henry II. FitzEmpress bei seiner Tochter. Dann legte Eilhard sein rechtes Bein an Mauds linkes - und das Beilager per procura war vollzogen. Trompeten, Harfen und Fideln klangen auf. Hochrufe und Jubel erfüllten den Saal. Auf den Plätzen vor dem Schloß sowie in den Straßen und Gassen Londons jauchzte und tanzte das Volk.

Allein, Maud hatte für all dies Gejubel und Gepreise keine Wahrnehmung. Wie wunnec-lîche war es ihr doch mit Eilhard auf dem Beilager. Und da Eilhard, als Getreuer des Löwen, sich daraus erheben wollte, um nun gemeinsam mit Propst und Truchseß der neuen Herzogin und Herrin zu huldigen, da suchte ihn Maud zurückzuhalten ... und koste und smazte ihn. Hoffrauen, die auf einen Wink des Königs hin, Maud von einem sichtlich verwirrten Eilhard trennen wollten, fuhr Maud an: "Wagt es nicht, die Herzogin von Braunschweig, die Herrin von Sachsen und Bayern oder was ich nun bin - von ihrem ê-karl zu ziehen! Ich will jetzt mit meinem ê-karl ein mächtiges und gottgefälliges Geschlecht ..." Es bedurfte erst etlicher Maulschellen, die Königin Eleanor ihrer Tochter nach Art der bretonischen Bauers-

frauen gab, um Maud deutlich zu machen, daß Eilhard eben
noch nicht der ê-karl war, dem man sie nun anvermählt
hatte.

Am Abend desselbigen Tages wurde im Saal des Schlosses
Westminster mit großem Gepränge eine Hochzeitstafel gehalten. Hernach spielten Fideln, Harfen und Rotten zum
Tanz auf. Was gab es da für ein Reihen, Tanzen und liebli-
ches Sichdrehen. Wie sprangen da die Ritter und Damen.
Henry II. FitzEmpress hatte allerdings vorher dem Truchseß
Jorden von Brake bedeuten lassen, daß der König - eingedenk
des Beilager-Zwischenfalles - es nicht für schicklich halte,
Maud von Eilhard betanzen zu lassen. Besonders nicht wegen der bei Hofe vielgetanzten Springtänze, wobei Tänzerin-
nen und Tänzer so vnzvchtig vffspringen. Und so mußte der
Stellvertreter des Stellvertreters des Löwen, eine darob über
die Maßen enttäuschte Maud zum Tanze führen. Und er tat
dies auch nur zu den gemessenen Tänzen. Allein, Jordan
mußte dabei die Aufforderung zum Tanz - "wir treten ein
hovetänzel" - wortwörtlich genommen haben. Immer wieder
trat er beim Tanzen auf die Prunkärmel, die er sich eigens
für dieses Fest an sein Gewand hatte schneidern lassen. Kam
er dabei ins Straucheln, und das geschah in einem fort, blieben auch Mauds Füße von einem näheren Verhältnis zu
denen Jordans nicht verschont.

Den Beschluß der Hochzeitsfeierlichkeiten zu Westminster
machte die sächsische Gesandtschaft mit der Überbringung
des Hochzeitsgeschenks Heinrichs des Löwen an Maud.
Herzog Heinrich, den man davon unterrichtet hatte, wie
hoch Kultur an den Höfen Henrys und Eleanors gehalten
werde, hatte dies - Knauser, der er war - freudigst zum Anlaß
genommen, seine Kunstfurzer gen London zu senden, auf
daß sie dort konzertierten. Und für Maud hatte er ein selbst-
verfaßtes Poem einpacken lassen, das Eilhard von Oberg in
London zum Vortrag bringen sollte. Denn Herzog Heinrich

wußte - wie Eilhard Maud später einmal bekannte -, wenn Eilhards schmale, lange Finger über die Saiten der Harfe glitten, wenn sie das Psalterion, die Zither oder die Laute schlugen und sein warmer Bariton vom Streit kühner Recken und von Liebe und Leid schöner Frauen sang, öffneten sich überall Ohren, Münder und Herzen, und Tränen verschleierten den Blick.

Und so traten zum Beschluß der Festlichkeiten zuerst die Kunstfurzer vor der erwartungsvoll gestimmten Hofgesellschaft auf. Unter der Führung von Meister Armin pupten sie zu Beginn ihrer Darbietungen die Hymne der Plantagenets: "Ginsterzweig, o Ginsterzweig / blüh' in England wie in Frankereich!" Sodann brachten sie neue Werke aus dem Umkreis der Hildegard von Bingen zur Aufführung sowie die "Oker-Musica" des Smarter von Cleve. Dankbar nahmen die unter Leitung des Meisters Armin Pupenden, namentlich: Donerhall, Gärhart, Godewind und Puhflat, den höflichen Beifall der Großen und Edlen Englands für ihre Darbietungen entgegen. Bei öffentlichen Auftritten auf dem Burgplatz zu Braunschweig wurden sie vom begeisterten Publikum immer nur mit Eiern, faulem Obst und Fäkalien beworfen. Und so ließen es sich die herzoglichen Kunstfurzer angelegen sein, noch eine Zugabe zu geben, bei der sie unter anderem "Bronsewyk, du leiwe Stadt" zweistimmig pupten.

Hernach trat Eilhard von Oberg vor die Festgesellschaft zu Westminster Castle. Er hatte - wie er Maud später einmal gestand - gehofft, daß ihm vor diesem Auftritt alle Saiten seiner Laute sprängen und der Mund ihm zuwüchse, damit er des Herzogs pînliches Poem nicht zum besten geben müßte. Allein, die Götter hatten kein Einsehen. Und so klang im großen Saal des Schlosses Westminster Eilhards Bariton auf mit:

"Waer diu werlt alliu mîn,
von dem mere unz an den Rîn,
des wolt ih mih darben,
daz diu Maud von Engellant,
laege an mînen armen." (87)

Maud hatte währenddessen nur Augen und Ohren für Eilhard. Und so hörte sie nicht mit, wie ihr königlicher Vater -
laut den "Map-Rolls" - über das Werk des Löwen befand:
"Hoffentlich ist der Duc Henri ein besserer riemen als ri-
maere (88)!"

Nach dem Ende der Hochzeitsfeierlichkeit und des Gelages
kam die Festgesellschaft aber noch nicht zur Ruhe. Wie in
den "Map-Rolls" berichtet wird, schrie in den Gemächern,
darein sich König und Königin zurückgezogen hatten,
Eleanor ihren Heinrich an, daß sie seine Rosenliebhaberei zu
Woodstock nicht mehr länger dulden wolle und die Rose
samt Wurzeln ausreißen werde. Daraufhin drohte der König,
alle Troubadoure der Königin kastrieren zu lassen und gab
seinem Zorn dadurch Ausdruck, daß er begann, Mobiliar zu
zertrümmern. Bei diesem hohen Werke entdeckte er in den
königlichen Gemächern mehrere (aber nicht alle!) Zuträger
des Walter Map und einen Spion des französischen Königs,
welche er mit Lust eigenhändig meuchelte.

Im Quartier der sächsischen Gesandtschaft tobte ein von
schweren Südweinen erhitzter Jordan von Brake wider den
Eilhard von Oberg, was diesen denn geritten habe, die Frau
seines Herzogs und Herrn auf öffentlichem Beilager - vor aller Welt! - so geile zu machen, daß sie ihn smatze. Das werde
ihn in Braunschweig den Kopf kosten. Eilhard, der sich kei-
nes Vergehens, keiner Schuld wider seinen Herzog und
Herrn bewußt war, zog bei diesen Anwürfen Jordans blank
und bedeutete dem Truchseß seinerseits, daß sich Jordan
vorerst um das eigene Haupt sorgen möge. Mannen der säch-

sischen Gesandtschaft, die wußten, daß Eilhard nicht nur ein Meister der Laute und des Gesangs, sondern auch des Schwertes war, weshalb man den wehrhaften Sänger und Ministerialen am Braunschweiger Hofe auch scherzhaft "Giselher" (89) hieß, warfen sich zwischen die Streitenden und trennten sie voneinander.

Haudrauf von Glokkow, welcher mit einer 200 Recken zählenden Schar von Herzog Heinrich gen London gesandt worden war, um die reiche Mitgift Mauds zu bewachen und zu schirmen, zog nächtens mit 50 seiner besten Mannen durch Londoner Schenken, um dort einer Labung durch das berühmte "Ale" teilhaftig zu werden. Allein, aus Unbekanntschaft mit der Landessprache riefen die Braunschweiger: "Schentelmannen, wir wollen Öl!" Da nun aber niemand verstand, was sie eigentlich haben wollten, loderte in Haudrauf und seinen Recken gar bald ein gewaltiger Zorn auf. Und so stürmten sie schließlich in jeder Schenke, die sie betraten, flugs zu den Bierfässern hin, zapften und soffen daraus, so viel sie nur konnten - und zerlegten, wenn die Fässer leergetrunken waren, diese und die Schenke dazu. Nachdem die Braunschweiger die zehnte Schenke heimgesucht hatten und sich die Schreckensmär von ihrem Zug wie ein Lauffeuer in London verbreitete, rückten die Mannen des Königs unter Richard de Luci aus, um die braunschweigischen Gierschlünde trockenzulegen. 500 Kettenhemdler des Königs hatten ihre liebe Not damit, Haudrauf und seine Mannen zur Ausnüchterung in den Tower zu schleppen.

Maud wälzte sich in dieser Nacht, wie sie in ihrer "Beichte" berichtet, unruhig auf ihrem Lager hin und her. Sie konnte keinen Schlaf finden. Ihre Gedanken, ihr ganzes Sehnen, all das kreiste nur um ihn - um Eilhard! Und Maud weinte bitterlich, daß sie diesen an Geist und Schönheit so wunderbaren karle nicht zum ê-karl bekommen hatte. Da erschien auf einmal Valtrada am Bette Mauds und tröstete die junge

Braut damit, daß diese ihr nur vertrauen möge, sie, Valtrada, werde schon alles richten, daß Maud die glückliche Begründerin eines mächtigen und gottgefälligen Geschlechts werde. Alsdann schlug Valtrada ein paar seltsame Zeichen in die Luft, und Maud fiel augenblicks in einen tiefen, ruhigen Schlummer. Daraus erweckten sie erst die Rufe ihrer Zofe Marie, die ihr von ihrer königlichen Mutter zur persönlichen Bedienung mitgegeben worden war. Marie mahnte Maud, sich mit der morgendlichen Toilette zu eilen, da die Sonne schon hoch am Himmerl stehe und der Marschall des Königs bereits für Mauds Reise nach Dover rüsten lasse. Da schlug Maud das Herz bis zum Hals hoch. Sie wußte, daß es nun auf immer nach Sachsen gehe. Ein Land, von dem man ihr die schönsten Vorstellungen gemacht hatte. Und davon sie sich nun - Eilhards wegen - die schönste Vorstellung machte.

Die künftige Herzogin von Sachsen und Bayern hatte befürchtet, daß der Aufbruch des Zuges gen Dover in ähnlicher Wirrnis vor sich ginge, wie die Aufbrüche zu den Jagden ihres königlichen Vaters. Doch der Marschall des Königs hatte alle, welche die Braut oder vielmehr die Frau Heinrichs des Löwen an die Küste geleiten sollten, genau über ihre Aufgaben und Plazierungen unterrichtet. Bei der Aufstellung der einzelnen Abteilungen und Beritte führte der Marschall eine sichere Regierung.

Vor dem Zug ritten Trompeter und Herolde einher. Die Spitze des Zuges machten hundert Ritter des Königs unter Vorritt von Sir Wanfred Ivanhoe. Hiernach folgten berittene Herolde des Königs und Heinrichs des Löwen mit Stäben und Bannern. Daran reihte sich zu Pferde der Marschall des Königs mit seinen Mannen und die sächsische Gesandtschaft (90), darunter Propst Baldewin, Truchseß Jordan, Kämmerer Rainhard - und Eilhard von Oberg. Der Gesandtschaft schlossen sich zwölf Träger mit der Sänfte Mauds an, der auf Zeltern reitend, Mauds Zofe Marie nebst anderen Hoffrauen folgten. Hieran schlossen sich acht zweirädrige Wagen an, die von jeweils fünf kräftigen Pferden gezogen wurden. Die Wagen waren schwer mit Mauds ungeheurer Mitgift beladen sowie mit der Brautrüste aus kostbaren Stoffen, prächtiger Garderobe, silbernem und goldenem Tafelgeschirr und dem Brautstaat, darin Maud in Sachsen Hochzeit halten sollte. Die Fuhrwerke wurden von Pferdeknechten geführt. An den Längsseiten der Wagen hatte man Doggen aus König Heinrichs Zwingern angebunden, die jeden Bären oder Löwen - von Räubern ganz zu schweigen - abgeschreckt hätten. Vor den Wagen ritt Haudrauf von Glokkow, neben den Fuhrwerken schritten auf beiden Seiten - immer auf der Hut vor den Zähnen der Doggen - jeweils 100 Braunschweiger Recken einher. Von Pferdeknechten geführte Packpferde und nochmals etliche Ritter des Königs unter Vorritt William Marshalls bildeten den Schluß des Zuges.

Obwohl Maud nun für immer nach den Landen ihres herzoglichen Gemahls fortzog, war der Abschied von ihren Eltern kalt und zeremoniell ausgefallen. Ein paar förmliche Segenswünsche hatte der Vater ihr gespendet. Ein paar Lehren hatte die hohe Frau Mutter ihr mit auf den Weg nach Sachsen gegeben. So wurde Maud - unter Anspielung auf ihr Beilager-Gesmatze - ermahnt, ihrem ê-karl ja treu und ergeben zu bleiben: "Ze bette und ze tische / Sô bis sîn dirne und sîn magt." Dabei war es dann geblieben. Keine Herzlichkeiten. Keine Abschiedsküsse.

Dazu hatte, wie Maud in ihrer "Beichte" meint, sicher nicht allein beigetragen, daß ihre königlichen Eltern nun nicht mehr der Tochter, sondern einer Herzogin von Sachsen und Bayern Valet zu sagen hatten. Ihre königlichen Eltern waren vermutlich auch nicht in der Verfassung gewesen, sie zu herzen und zu drücken. Königin Eleanor hatte - wie Maud (trotz des Gesichtsschleiers, den ihre Mutter trug) bemerkte - ein blaues Auge und eine geschwollene Wange. König Heinrichs Gesicht war von blutroten Furchen durchzogen, die scharfe Fingernägel gerissen haben mußten.

Daß sie von ihren Eltern beim Aufbruch nach Sachsen nicht herze-lîche verabschiedet worden sei, dem habe sie allerdings, wie sich Maud in ihrer "Beichte" erinnert, damals kaum Beachtung geschenkt. Alles, was an jenem Tage ihr Herz bewegt habe, sei Reiseangst, ihr neues Vrouwesein - und der schöne Eilhard gewesen. Auf der Reise nach Dover schlug sie wieder und wieder die Vorhänge von den Sänftenfenstern zurück, um sich an der Rückansicht des in kaum dreißig Schritt Entfernung von ihr dahinreitenden Eilhards zu ergötzen. Und inständig hoffte sie, daß sich Eilhard einmal zu ihrer Sänfte hin umwenden möge ... Da der Barde und Recke dies aber nicht tat, befahl ihm Maud, daß er hinfort an ihrer Seite reiten solle, um sie mit seinem Lautenspiel während der Reise gen Dover zu unterhalten. Und wieder und wieder mußte er ihr dabei die "Kanzone vom verliebtem Bangen" singen.

> "In süßem Bangen,
> Das Liebe mir beschied,
> Sing ich befangen
> Euch, Fraue, all mein Lied;
> In scheuem Sinnen
> Schau ich Euch Holde an
> Und muß Euch minnen,
> Mehr als ich's zeigen kann.
> Sei's wider alle Pflicht,
> Ich laß Euch, Fraue, nicht,
> Dien Euch in Zuversicht
> Und lautrer Liebe immer;
> Vor Eurer Schönheit Schimmer
> Fühl ich mein Selbst vergehn,
> Kann nur noch knien und flehn."
> (91)

Am 30. September 1167 erreichte der Brautzug Dover. Als seine Ankunft in der Stadt vermeldet wurde, zogen ihm etliche hundert Bürger in Festkleidern und mit Blumen und Putz geschmückt entgegen, bildeten ein Ehrenspalier vor dem Stadttor und ließen Maud und Heinrich den Löwen vielfach hochleben. Unter Glockengeläute und durch Spaliere jubelnder Bürger ging es durch die festlich geschmückten Straßen Dovers zum Hafen der Stadt hin, wo die Herzogin von Sachsen und Bayern von Robert, Sheriff of Kent, und dem Burghauptmann von Dover zu drei von Southampton herbeigesegelten Schiffen geleitet wurde. Das größte von ihnen, die "Blanche Nef II." unter Führung des Schiffshauptmanns William of Bligh, sollte Maud, ihre Mitgift und die Sachsen über den Ärmelkanal tragen.

Hinweis: Laut Walter Map, wie Cousin Herro recherchierte, mußte der Sheriff of Kent aus seinem Bezirk gut 128 £ pressen, um die Kosten für Mauds Überfahrt zu begleichen.

Die "Blanche Nef II." war, wie Maud sie beschreibt, groß und von schöner Form und mannigfach geschmückt. Sie hatte drei Masten und an Bug und Heck hohe, mit Zinnen bewehrte Kastelle. Die Segel waren bunt und zeigten die Wappen des Königs von England. An der Spitze der Mastbäume wehten lange, kostbare Seidentücher. Die große Luke des Schiffes wurde geöffnet, und man brachte alles, was man über das Meer führen wollte, über eine hölzerne Brücke an Bord. Als die Sachsen auf das Schiff gekommen waren, hingen sie ihre Schilde an den Brustwehren auf und pflanzten ihre Fahnen auf die Kastelle. Am Heck des Schiffes war für Maud und ihre Frauen eine geräumige, schön gemalte und mit Seidenteppichen ausgeschlagene kielkemenâte (92) eingerichtet, in welche die Herzogin und ihre Bedienung vom Schiffshauptmann geleitet wurden. Maud bedurfte nach der anstrengenden Reise des Schlafes. Sie ließ sich von ihrer Zofe

Marie ein Lager bereiten und fiel sofort in einen tiefen Schlummer.

Als Maud daraus erwachte, befand sich die "Blanche Nef II." bereits mitten auf dem Ärmelkanal. Hinter ihr segelten die beiden anderen Schiffe, welche Mannen des Königs unter der Führung von William Marshall trugen, die in der Bretagne den Grafen Conan le Petit züchtigen sollten, der sich der Herrschaft Henrys II. FitzEmpress zu ledigen gedachte. Da die See ruhig und das Wetter lieblich war, ließ Maud mit Adlerdaunen gefüllte Kissen sowie Teppiche auf das Achterdeck tragen und - daß die Sonne sie nicht bäurisch mache - über sich und den Frauen noch ein Sonnensegel aufspannen.

Maud ließ Eilhard herbeirufen und wünschte, daß er ihr ein Lied von der Heimkehr singe. Da ließ sich Eilhard auf einem Kissen vor der Herzogin und ihren Frauen nieder, schlug die Laute und hub an, Maud zu bezaubern mit:

> "Nach Braunschweig kehr ich wieder,
> Und, dieweil's den Heinrich freut,
> Bring ich voll Dankbarkeit
> dem Löwen das Lachen meiner Lieder.
> Da ich niemals mich vergangen,
> Hoff ich, daß mein Mißgeschick
> Sich mir dauernd kehr in Glück,
> Wie's so schön ..." (93)

Da schlief plötzlich der Wind ein. Und wie oft auch der Schiffshauptmann die Segel richten ließ - das Schiff trieb nicht mehr vorwärts. Backbords stand gegen den Horizont eine Nebelbank. Und noch ehe Maud vermochte, sich über dieses seltsame Schauspiel zu wundern, das die Natur hier bei hellstem Sonnenschein aufführte, rief es von den Mastkörben der königlichen Schiffe herab: "Pirâte! Pirâte!"

Zwei Galeeren mit jeweils drei Ruderreihen und drei Masten stießen aus der seltsamen Nebelbank heraus auf die englischen Schiffe zu. Da freuten sich Haudrauf und seine Mannen, daß es nun einmal wieder ordentlich "Haue" gebe. Sie bildeten auf dem Deck der "Blanche Nef II." Linien, rückten ihre Schilde dicht aneinander, schwangen "Heinrichs Hacke" oder "Heinrichs Hammer" und sangen das alte Braunschweiger Kampflied: "EinTracht! EinTracht! EinTracht! Eine Tracht wollen wir ihnen ge-he-ben!"

Indes gewahrte der Schiffshauptmann, daß die schwarzen Segel der Galeere, die auf die "Blanche Nef II." zuhielt, ein blutrotes "E" zeigten. Er rief entsetzt: "Eustacius!" Da ergriff die Schiffsbesatzung ein großer Schrecken. Und da wußte auch Maud, daß Furchtbares dräute. Eustacius war der ehemalige Hofkaplan Henrys II. FitzEmpress, der des Königs Tritt in seine after-belle, welcher ihm seinerzeit mit Macht in den Wäldern von Oxfordshire zuteil geworden war, zwar überlebt hatte, sich aber hinfort nur noch von Blut und Wasser nähren konnte, da er nach dem königlichen Kick "hinten" nichts mehr herauszulassen vermochte. Da war er Pirat geworden. Denn die Piraterie ist eine Profession, die solcherart Nahrungsaufnahme sehr förderlich ist. Allen Seefahrenden, denen er habhaft werden konnte, biß Eustacius die Kehle durch und trank ihr Blut. Eustacius, der sich auch dem französischen König als Freibeuter verdingt hatte, war bald der Schrecken des Ärmelkanals, der Biskaya und des Mittelmeeres geworden.

Eine leichte Brise, die glücklicherweise aufkam, gab zwar dem Schiffshauptmann die Gelegenheit, mit einem kunstreichen Wendemanöver den Rammsporn des feindlichen Schiffes ins Leere stoßen zu lassen. Doch dann hagelte ein Wetter von Geschossen auf die "Blanche Nef II." herab. Ihre Matrosen, welche die beiden Kastelle besetzt hatten, wagten sich zum Bogenschuß nicht mehr hinter den Zinnen hervor -

oder wenn sie so kühn waren, sah man sie augenblicks von Bolzen und Pfeilen getroffen. Schwärme feuriger Pfeile fielen in die Segel des königlichen Schiffes. Sie fingen an zu brennen und konnten den Wind nicht mehr halten. Untüchtig zur Fahrt, trieb das Schiff nun dahin.

Einige Mannen Haudraufs, die ihre Schilde hochhielten, um dem Pfeilhagel zu trutzen, wurden von Geschossen aus Bogenschleudern an die Masten oder aufs Deck geheftet. Die beiden Wurfmaschinen der "Blanche Nef II." kamen gegen die Galeere nicht mehr in Tätigkeit, da von dort unablässig Ledereimer mit gepulvertem ungelöschtem Kalk und Töpfe aus Ton, mit weicher Seife gefüllt, über und auf das Schiff des englischen Königs geschleudert wurden. Fast die gesamte Schiffsbesatzung und die meisten Mannen Haudraufs wurden durch den Kalkstaub wie blind. Auch konnte sich auf dem Schiff kaum noch jemand auf den Beinen halten. Alles schlidderte und rutschte auf dem Deck hin und her, stürzte nieder und kam in dem Seifenschmier nicht wieder auf die Beine. Einige von Haudraufs Mannen glitten auf dem Schmier dergestalt aus, daß sie ins Meer stürzten, worin sie wegen ihrer schweren Kettenhemden im Nu versanken.

Währenddessen war Propst Baldewin in das Kastell des Achterdecks retiriert, dort auf die Knie gefallen und sandte ein mächtiges Stoßgebet nach dem anderen wider den bösen Kaplan "E" zum Himmel. Der Kämmerer Rainhard von Stade war wie besessen in den Kielraum des Schiffes geflüchtet, hatte sich auf die dort lagernden Kisten mit dem Mitgift-Silber Mauds geworfen und greinte: "Nein, nein ... ich geb's nicht her! Endlich einmal etwas mehr in der Truhe ... und nun ... nein, ich geb's nicht her ... buh!" Truchseß Jorden von Brake hatte auf Deck jeglichen Halt verloren, lag wie eine Schildkröte auf dem Rücken, ruderte mit Armen und Beinen in der Luft herum - und fluchte gotteslästerlich.

Mauds Frauen, mit Ausnahme ihrer Zofe Marie, die bei Entdeckung des Feindes ihre Ärmel raffte und nach einem Kriegsflegel verlangte, hatten sich, sobald der erste Ruf "Pirâte!" laut geworden war, kreischend unter Deck geflüchtet. Eilhard wollte die junge Herzogin unter Deck bringen. Aber sie befahl nur Marie, die kielkemenâte aufzusuchen; Eilhard beschied sie: "Plantagenets verkriechen sich nicht wie eine Maus im Loch, um dann darin ersäuft zu werden!" Sie zog sich etwas in die Deckung des Eingangs zum Achterdeck-Kastell zurück und schützte mit einem Tuch ihre Augen vor dem Kalkstaub. Desgleichen tat Eilhard, der sich mit Schwert und Schild als Schirmer vor Maud stellte.

Da nun die feindliche Galeere die Ruder einzog und im Begriffe war, die "Blanche Nef II." mit Enterhaken zu fassen, bedeutete Eilhard Maud, daß, wenn dem Eustacius nicht mehr zu wehren sei, er sie für seinen Herzog töten müsse, damit sie als dessen Weib nicht geschändet werde. Danach werde er sich in sein Schwert stürzen. Doch bevor Maud noch versuchen konnte, Eilherd aus seiner heroischen Blödigkeit zu wecken, sah sie plötzlich Valtrada auf dem Deck stehen, die ihr zurief: "Blast, Winde, blast!" Aber da Maud der dunklen Worte Sinn nicht verstand und dies Valtrada auch durch Zeichen deutlich machte, wandte sich die Erscheinung um, raffte ihr Gewand hoch und ließ die junge Herzogin ihre von kleinen Schlangen umringelte after-belle sehen. Dabei rief Valtrada in einem fort: "Blast, Winde, blast!"

Da ihr die Ahnin stets versprochen hatte, ihr zur Seite zu stehen, zauderte Maud nun nicht länger, obwohl sie Valtradas Zeichen immer noch nicht enträtselt hatte, ihrerseits das Gewand hochzuheben, Eilhard die bloße after-belle zu präsentieren und dabei aus Leibeskräften auszurufen: "Blast, Winde, blast!" Eilhard, der von Valtrada nichts bemerkt hatte, geriet über Maud in mehr als eine Verwirrung und stammelte: "Winde sollen blasen? Ja, wie denn? Und selbst wenn ... Wir sind ohne Segel ..." Doch dann brach es auf einmal stoßweise aus ihm hervor: "Dem Herzog Heinrich ... getreu bis in den Tod ... doch da ich jetzt des Todes bin ... geb' ich mich nicht mehr dem Löwen ... geb' ich mich ganz der Minne hin!" Und dann fiel er auf die Knie. Und dann schlang er die Arme um Maud. Und dann - bedeckte er Mauds after-belle mit Küssen, die eine Leidenschaft verrieten, wie sie nur bei Todesgefahr in einem Menschen aufkommen kann.

Oh, wie ward es Maud da über die Maßen wunnec-lîche! Oh, wie ward Maud dadurch gewirret. Sie könnte nicht dafür stehen, schreibt Maud in ihrer "Beichte", daß sie sich nicht auch noch mit Eilhard flugs ver-êlicht und ihm ihr Magdtum geschenkt hätte, wenn nicht, ja wenn nicht Valtrada auf einmal die Gestalt des Schiffshauptmanns angenommen und eingegriffen hätte. Der "Schiffshauptmann" erschien plötzlich hinter Maud und Eilhard, riß den Recken und Barden von der jungen Herzogin los und herrschte ihn an: "Das heiß ich einen treuen Diener seines Herzogs! Eilhard von Oberg, Ihr macht jetzt keine Geschichten hier, sondern für Heinrich den Löwen Geschichte! 'Blast, Winde, blast!' bedeutet: die Kunstfurzer in die Schlacht zu führen! Laß sie schnell ein Stübchen Ale nehmen, dann auf Deck mit ihnen und kräftig gegen die Galeere gepupt! Und du, Eilhard von Oberg, wirfst dann eine Fackel! Spute dich, du tiutscher Recke!"

Eilherd war wie vom Donnerschlag gerührt. Dann rief er: "O Herzog, was hab' ich getan?!" Und dann sprang er auf und tat wie ihm geheißen. Er führte nach wenigen Augenblicken die Kunstfurzer an Deck, rutschte mit ihnen steuerbords durch den Schmier, ließ sie - die after-belle voran - einen Halbkreis bilden, sie pupen, wie sie es noch nie zuvor getan hatten - und warf sogleich eine Fackel hinterdrein. Und eine ungeheure Lohe waberte über das feindliche Schiff, das gerade entern wollte, und verbrannte es zu Holzkohle.

Hinweis: Wie Walter Map, laut Cousin Harro, berichtet, über-
lebte Eustacius schwerverbrannt das Gefecht und setzte sein
Handwerk unter dem Namen Alan le Noir fort.

Durch den Druck des gewaltigen Feuerpupes wurde die Galeere des Eustacius oder vielmehr ihre kokelnden Reste dergestalt von der "Blanche Nef II." weggeschoben, daß kein
Feuer von dort auf das Schiff des Königs überspringen
konnte. So hatten denn Meister Armins Kunstfurzer und
Eilhards kühner Fackelwurf, den er mitten im dicksten
Pfeilhagel getan hatte, die "Blanche Nef II." gerettet. Doch
die after-bellen der Kunstfurzer waren durch ihren Einsatz
für immer so versehrt, daß sie der Kunst entsagen mußten.
Und Eilhard war, als er den Fidibus schleuderte, von einem
Armbrustschützen des Eustacius mit einem vergifteten Bol-
zen getroffen worden. Das widerhakenbesetzte Eisen hatte
sich tief in Eilhards Schulter gebohrt. Totenblaß, nicht bei
Sinnen und stark aus der Wunde blutend, war er auf das
Deck niedergestürzt.

Da Maud dies gewahrte, rutschte sie herbei, trennte weinend
einen Ärmel von ihrem Gewand ab, verband Eilhard damit
notdürftig und bettete sein schweißnasses Haupt in ihren
Schoß. In der Ferne erklangen Trompetensignale von den
anderen beiden Schiffen des Königs, die ihren Kampf ebenfalls siegreich beendet hatten.

Hinweis: Über die weitere Reise Mauds bis an den französischen
Hof ihres Vaters zu Rouen, wo der Teil der sächsischen Gesandt-
schaft ihrer harrte, der nicht mit nach London zur Einholung der
herzoglichen Braut gereist war, sind wir aus "Mauds Beichte"
nicht unterrichtet. Die betreffenden Pergamente, welche darüber
berichten müßten, fehlten in dem Konvolut, das Cousin Harro
übersetzen konnte. Wie Harro recherchiert hat, gelangten Maud

und Eilhard mit der "Blanche Nef II." zum normannischen Hafen Barfleur. Dort wurde der mit dem Tode ringende Eilhard, gegen den Widerspruch Mauds, auf ein Sendschreiben der Königin Eleanor hin, die unterdessen in Poitiers eingetroffen war, an deren Hof gebracht, weil er dort der besten Pflege gewärtig sein konnte. Maud verbrachte mit ihren Sachsen, d. h., mit denen, die das Seegefecht überlebt hatten, die Weihnachtszeit am französischen Hof ihres Vaters zu Argentan. Zum Weihnachtsfest war Mauds königlicher Vater nach Argentan gekommen und gab Maud ein großes Abschiedsfest. Ohne die Königin. Aber mit Rosamond Clifford. Kurz nach Weihnachten reiste Maud mit ihren Sachsen nach Rouen weiter.

KAPITUL VII

Die Reise in das Sachsenland

Hinweis: Die folgenden Kapitel habe ich aus meinen Erinnerungen an Mauds "Beichte" sowie aus überlieferten Exzerpten bisher unbekannter und unerschlossener Manuskripte zusammengestellt und gestaltet, die Cousin Harro während seiner Recherchen in deutschen, englischen und französischen Kirchen- und Privatarchiven angefertigt hatte. Die meisten Originale der zitierten Manuskripte sind entweder während des Zweiten Weltkrieges vernichtet worden, oder sie müssen als verschollen gelten. Diese Quellen sind verbunden mit den Namen Dietmar von Aist, den Earls of Arundel and Pembroke, Peter de Blois, Gaerwyn von Hameln d. Ä., Berthold von Holle, Heinrich von Lüneburg, Heinrich von Veldecke, Wernher (der Gärtner) und Ekbert von Wulferesbüttel.

Das Heranziehen von Notizen nach diesen Manuskripten hat sich insofern als unabdingbar für die Fortschreibung meiner Erinnerungen an Mauds "Beichte" erwiesen, als Mauds Aufzeichnungen für den Zeitraum von Januar 1168 bis Johanni 1171 unvollständig sind bzw. nicht vollständig überliefert sind. Nachfolgende Generationen von Welfen haben vermutlich die Pergamente, denen Maud ihre "Beichte" anvertraut hat - und die damit authentische Zeugnisse über das Leben Heinrichs des Löwen lieferten - im wörtlichen wie im übertragenen Sinne "Schnitten" unterworfen. Vieles, was in diesem Zeitabschnitt von Mauds "Beichte" nur noch bruchstückhaft, dunkel oder gar nicht mehr vorhanden gewesen ist, kann so durch das Heranziehen anderer Zeugnisse ergänzt, erhellt oder gar erst mitgeteilt werden.

Also habe ich aus Fragmenten von Mauds Erinnerungen (für 1168 bis 1171) und aus Cousin Harros Exzerpten für die folgenden Kapitel e i n e n Text gestaltet, um meine Leser und Leserinnen nicht mit einer endlosen Kette von Anmerkungen, Zi-

tierhinweisen und anderen Gepflogenheiten der um Akribie be-
mühten, aber des Schreibens zusammenhängender Texte ent-
wöhnten Historikerzunft traktieren und langweilen zu müssen.
Das wird mich dem Argwohn der beamteten Wissenschaft ausset-
zen; es wird mir den Vorwurf eintragen, ich versimpelte Ge-
schichte zu Geschichten. Aber das Recht einer hoffentlich großen
und interessierten Leserschaft, einen verständlichen und lesbaren
Text geboten zu bekommen, läßt mich derlei Bedenken hintan
stellen.

Die Reise zu Land von Rouen in Richtung Braunschweig
war nicht so schrecklich wie die Überfahrt von Dover zum
Hafen von Barfleur nach Michaelis 1167. Sie ging nur
schrecklich langsam voran. Wolkenbrüche wechselten sich
mit Schnee- und Hagelschauern oder im günstigen Falle mit
Nieselregen ab. Die Straßen unterschieden sich nur durch
einen größeren Anteil an festen Stoffen von dem drei Monate zuvor per Schiff bewältigten Meer. Und es war ein
Wunder, daß Maud in ihrem mit edlen Stoffen ausgeschlage-
nen Reisewagen, der quietschend und schwankend den
Schlamm mühsam durchpflügte, nicht von dem Übel der
Seekrankheit heimgesucht wurde. Aber sie hatte ihre liebe
Not damit, die ihr kredenzten guten Speisen nicht bald nach
Besteigen des Wagens durch den "geheimen Stuhl", der über
einem Loch befestigt war, das man in den Wagenboden ge-
sägt hatte, wieder dem Land zu übergeben, aus dem diese
Gerichte stammten.

Hinzu kam, daß es ihr seit dem dritten Tag der Reise zum
zweiten Male in ihrem jungen zwölfjährigen Leben nach der
Art der Frauen ging. Und wenn sie dies Ereignis auch nicht
mehr so erschreckte wie beim ersten Mal und sie auch keineswegs zimperlich war - etwa vorhandene Ansätze dazu
hatte ihre in jeder Hinsicht königliche Mutter schon frühzei-
tig im Keime erstickt - so verstärkte dies doch ihre üble Lage
und Laune nicht unwesentlich. "Ja, ja", hatte ihre Lieb-

lingszofe Marie aus dem Languedoc gelächelt, "man bekommt es immer dann, wenn man es am wenigsten gebrauchen kann." Wenn Maud ihre Zofe für diese Bemerkung
auch am liebsten geohrfeigt hätte, so stimmte sie der Hinweis doch nachdenklich, und sie fragte sich, wann man "es"
denn überhaupt brauchen könne. An die goldenen Worte
Maries aber würde sie sich in den kommenden Jahrzehnten
noch oft erinnern!

Im übrigen war Marie eine der wenigen Personen aus ihrer
Begleitung, die sie fast nie zu ohrfeigen wünschte. Das
stämmige Mädchen, das so gar nicht in die feinen höfischen
Kleider passen wollte, die man ihr in Argentan mit auf die
Reise gegeben hatte, überragte Maud, die für ein Mädchen
ihres Alters auch nicht eben klein war, um eine halbe Kopf-
länge. Marie war kräftiger als mancher Mann, was mancher
Mann auch schon zu spüren bekommen hatte, wenn er ihr
gegen ihren Willen an die reinliche Wäsche - sie wechselte
das Hemd jeden zweiten Sonntag - gehen wollte.

Dunkelhaarig war Marie, sowohl auf dem Kopf wie - auch
ein wenig jedenfalls - über der Oberlippe, immer guter Laune
und ihrer jungen Herrin innigst zugetan. Sie hatte als Amme
mit ihren gewaltigen Brüsten auch dem königlichen Säugling
schon gern gedient, obwohl oder gerade weil ihr eigenes
Töchterlein das erste Lebensjahr nicht vollendet hatte. Ihr
Mann, ein Winzer, der den Ertrag des eigenen kleinen Win-
gert fast ausschließlich zum Eigenbedarf nutzte, hatte sich
kurz nach dem Tod seiner Tochter selbst in einem Weinfaß
ertränkt, und wenn ihn auch der eine oder andere Nachbar
um diesen Tod beneidete, so wollte doch auch das Gerücht
nicht verstummen, daß seine kräftige Frau ihm dieses Bad
gesegnet habe. Jedenfalls hatte man ihn an den Beinen aus einem großen Weinfaß gezogen und seinen glücklichen Gesichtsausdruck bewundert, der verschiedene Geistliche be-
wog, ihre schon begonnene ars moriendi in wesentlichen

Teilen umzuschreiben.

Kurzum, Marie würde ihrer Königstochter überall auf der Welt gern dienen, selbst in dem düsteren, regenverhangenen Schlammland, durch das sie zur Zeit reisten, wobei sie allerdings befürchtete, daß alles noch schlimmer kommen würde. Die Nachrichten, die Marie in Küche, Stall und Hof über das merkwürdige Sachsenland erhalten hatte, ließen nichts Gutes ahnen.

Auch die Herren, die als Gesandte aus Braunschweig zu dem gewaltigen Heerzug gehörten, entsprachen nur bedingt dem Geschmack der Prinzessin, zumal sie ihre Sprache nur unvollkommen beherrschten. Näheren Umgang pflegte Maud in den ersten Wochen nur mit dem klugen und väterlichen Propst Baldewin von Utrecht, der die Braunschweiger Gesandtschaft anführte. In Wirklichkeit freilich unterschied sich das Verhalten der Braunschweiger kaum von dem der gut zwanzig englischen Noblen, die ihr das Geleit gaben, aber die Geschehnisse am Hof zu Rouen hatten doch gewisse Vorurteile begründet.

Ihr, der man auch Jahrhunderte nach ihrem Tode noch bescheinigen sollte, daß sie "ein gewisser Hauch von Poitiers" umgeben habe, dem eleganten Hof ihrer wahrhaft königlichen Mutter, ihr konnte das manchmal laute, dann wieder verschlossene und nicht immer der französischen Hofetikette angepaßte Benehmen der kräftigen Braunschweiger wenig gefallen. Dabei ließen es die Herren ihr gegenüber durchaus nicht an Ehrerbietung fehlen. Ganz im Gegenteil, man versuchte, ihr wirklich geradezu jeden Wunsch von den Augen abzulesen. Sobald sie nur den Mund auftat, verstummten die Gesandten und starrten sie an, als flösse zwischen ihren Lippen pures Gold hervor.

Und so ganz unrecht hatten die Herren mit dieser Betrachtungsweise nicht. Wenn Gold auch nur gelegentlich an Maud zu bewundern war, so wußten doch alle, welch ungeheuren Schätze die über dreißig schweren Wagen trugen, die, flankiert von mehreren Hundertschaften schwerbewaffneter Reiter, in der Mitte des langen Zuges quietschend und knarrend daherschwankten.

Ihrem Herzog Heinrich hatte wieder einmal Fortuna gelächelt, freute man sich. Es war ihm gelungen - und diesmal ohne einen Schwertstreich oder Hackenhieb -, seinen und des Herzogtums Reichtum gewaltig zu vermehren. Nicht nur, daß er die Tochter eines der mächtigsten Könige der Welt als seine Gemahlin nach Braunschweig führen konnte - eine Tatsache, die auf der einen Seite bewies, wie mächtig, ja zumindest königsgleich er war, die auf der anderen Seite sein Ansehen vor der Welt ins Ungeheure wachsen lassen würde -, diese Verbindung führte überdies noch einen Gold- und Silberschatz und eine so gewaltige Aussteuer nach Braunschweig, wie sie der Mitgift einer Tochter des englischen Königs angemessen war.

Die lüstern-begehrlichen Blicke der Braunschweiger wußte Maud daher durchaus richtig zu deuten. Rainhard von Stade gar, Heinrichs Kämmerer, gab sich mit Blicken auf Maud und die kostbare Fracht nicht zufrieden. Maud konnte ihn häufig beobachten, wie er zu den Schatzwagen ritt und mit still verklärtem Gesichtsausdruck zärtlich über die Umhüllung der Kästen und Fässer strich. Und obwohl der Kämmerer über Mittel zu wachen hatte, wie sie vor Heinrichs Regierungszeit in Braunschweig nie vorhanden gewesen waren - und, so füge ich als Zeitgenossin fast des gesamten 20. Jahrhunderts hinzu, auch in den kommenden Jahrhunderten und schon gar nicht in unserer Gegenwart, die sich nicht genug tun kann, mit dem Namen des großen Löwen zu prahlen, auch nie wieder vorhanden sein sollten -, so liebte der Kämmerer doch zusätzliches und noch dazu christlich erworbenes Gold und Silber sehr und konnte es auch gut gebrauchen. Der ebenso kluge wie weitsichtige Rainhard ahnte nämlich sehr wohl, daß die Tatkraft seines im 39. Lebensjahr stehenden Herzogs ihren Höhepunkt noch längst nicht überschritten hatte.

Der Kämmerer Rainhard von Stade war Maud neben dem Truchseß Jordan von Brake einer der liebsten Braunschweiger, wohl auch, weil beide besser französisch sprachen als die andere Begleitung. Rainhard genoß zudem das Wohlwollen Mauds, weil er sich nur leise, ja fast unhörbar an den anschwellenden abendlichen Gesängen der anderen Gesandten beteiligte, die regelmäßig einsetzten, wenn sie das erste Fäßchen Braunschweiger Starkbier geleert hatten. Dieses Getränk, ein Vorläufer der später so berühmten Mumme oder Schiffsmumme - und wir wollen es der Einfachheit halber künftig mit diesem Namen bezeichnen -, hatte Maud, die seit ihrer frühesten Kindheit an leichte Weine gewöhnt worden war, beim ersten Versuch sehr fröhlich gestimmt; anschließend allerdings war ihr speiübel geworden. Tapfer aber leerte sie auf der Reise jeden Tag einen Krug mit ihren zukünftigen Braunschweiger Untertanen in der Überzeugung, daß - wie es ihr Vater oftmals verkündet hatte - häufige Turniere die beste Voraussetzung für eine erfolgreiche Schlacht darstellten. Ihren weiblichen Formen dienten diese Turniere jedenfalls durchaus zur Abrundung.

Der allabendliche Gesang wurde immer angestimmt vom Truchseß Jordan höchstselbst, der in der - leider falschen - Überzeugung lebte, eine gute Gesangsstimme zu besitzen und überhaupt sein hohes Hofamt als zwar sehr einträgliche, aber doch bisweilen lästige Ehre ansah, während er insgeheim für sich das Dasein eines Minnesängers erträumte, der edlen Damen seine neuesten Kreationen vortrug, woraufhin diese ihn trotz seines fortgeschrittenen Alters erhörten - rein platonisch, versteht sich. Jordan hatte seit vielen Jahren an einem Epos gearbeitet und trug die Manuskripte wohl verwahrt ständig bei sich. Dieser für einen Höfling außerordentlich gebildete Mann hatte das "Chanson de Roland" gelesen und eine Nachdichtung in seiner Muttersprache begonnen, die er - im Nachgang zu den vielen Ereignisse und Anregungen zweier Englandreisen - bald in Braunschweig zum Abschluß zu bringen hoffte.

Ein Pfaffe - Konrad war sein Name -, dem Jordan blindlings vertraute und der ihm gelegentlich auch als Beichtvater diente - er hatte ihn vor gut zehn Jahren auf der "großen Isar-Sause" kennen- und schätzen gelernt -, hatte sich von seinem Manuskript begeistert gezeigt. Ständig drängte Konrad ihn, das herrliche Lied von Roland doch möglichst bald zu vollenden. Und Jordan hatte sich fest vorgenommen, die letzten Verse niederzuschreiben, sobald er wieder in Braunschweig angelangt wäre. Dann aber wollte er es unverzüglich dem Pfaffen Konrad vorlegen und um seine Meinung, auch hinsichtlich der weiteren Verwendung bitten. Die Zeit drängte, denn Jordan war bekannt, daß Konrad im Sommer wieder in das schöne Munichen zurückkehren sollte, das mittlerweile zu einer ansehnlichen Siedlung herangewachsen war, um dort das von Heinrich begonnene Werk im Sinne des Christentums und Heinrichs fortzusetzen.

Ach ja, die "Isar-Sause"! Jordan und die anderen Hofleute sprachen oft und gern von den Erlebnissen anno 57/58. Was waren das noch für Zeiten gewesen! Wie man sich in Föhring an der Isar über die guten Geschäfte geärgert hatte, die dort getätigt wurden, deren Gewinne aber in die Schatullen Ottos von Freising flossen und nicht in die Heinrichs. Welch himmelschreiendes Unrecht! Wie sich Heinrich und sein Hofstaat auf luxuriös ausgestatteten Flößen isarabwärts begeben und ihren Groll mit einigen Fäßchen Mumme hinuntergespült hatten. Wie man damals bei einem Nest anlandete, in dem früher einmal Mönche gelebt hatten und das daher "bei den Munichen" genannt wurde und das vor allem anderen den Vorzug besaß, zum Besitz Heinrichs zu gehören.

Wie man sich dort zu einer Bauernhochzeit einlud und von der guten Mumme zu einem nicht minder guten Bier wechselte, das ein Bauer in einem Bräuhaus auf seinem Hof herstellte. Wie man mit den feschen, drallen Bauernmädchen auf der Wiese getanzt und hinterher im Heu gescherzt hatte, so daß einige Jahre später viele Buam und Madln mit gutem Recht von sich behaupten konnten: "Wir alle sind des Herzogs Kinder." Wie Heinrich gut gelaunt beschlossen hatte, an diesem Ort eine Brücke über die Isar zu bauen und einen Markt errichten zu lassen. Wie man, um dem Örtchen zum Aufschwung zu verhelfen, selbstverständlich anschließend Föhring in Schutt und Asche hatte legen müssen. Ach ja, das war damals schon eine rechte Gaudi gewesen! Die guten und dankbaren Leutchen aus Munichen feierten seitdem jedes Jahr im Oktober ein Erinnerungsfest an die Wochen, die ihr Herzog und sein Hofstaat so vergnügt bei ihnen verbracht hatten.

Seit fast zehn Jahren hatten seine ihm treu ergebenen Braunschweiger Heinrich nun nicht mehr in so gelöster Stimmung gesehen wie weiland in Munichen. Mit finsterer Miene trat er seinen Untertanen entgegen. Mit finsterer Miene hielt er Gericht, empfing Gesandte und Bittsteller oder spaltete Schädel mit "Heinrichs Hacke". "Herzog Ernst" wurde er hinter vorgehaltener Hand seit einiger Zeit genannt. Ein Lächeln huschte nur über sein Gesicht, wenn sich ihm Tochter Gertrud näherte. - Gertrud! Warum nur war sie kein Sohn! Welcher Kummer wäre von des Herzogs Seele genommen, wenn doch wenigstens ein Erbe nachwachsen würde, nachdem sein kleiner Sohn Heinrich durch einen tödlichen Sturz von einem hohen Tisch die erste Hoffnung darauf zunichte gemacht hatte.

Doch Rettung nahte, war unterwegs nach Braunschweig, wohlbehütet in einem Wagen und beschützt von einem Aufgebot Reisiger, das einer mittleren Stadt zum Verhängnis hätte werden können. Mit Wohlbehagen schaute Jordan zu dem mit schweren Stoffen verhangenen Fenstern des königlichen Wagens, in dem die Stammutter aller zukünftigen Welfen sich so kreuzelend fühlte. Wenn das junge und schöne Königstöchterlein dem Herzog nicht helfen konnte, dann würde es überhaupt niemand können.

Jordan erhoffte sich überdies von Mathilde Anregungen für die Kunst, vor allem für die Dichtung, wurde ihre Mutter doch auch "Königin der Troubadours" genannt. Und wenn Heinrich sich den Musen gegenüber auch nicht ablehnend zeigte, so war er doch eher ein Mann der Tat, des Schwertes und ein Freund wohlgefüllter Schatztruhen. Auf der Reise jedenfalls sollten die Braunschweiger noch oft ihre frohen Lieder singen, nahm sich Jordan vor, um der zukünftigen Herzogin zart anzudeuten, daß sie auch in Zukunft des Liedgenusses nicht entraten müsse. Und dann brach es aus ihm hervor, und es schmetterte geradezu aus ihm heraus, daß er Mühe hatte, sein Roß bei seiner gemächlichen Gangart zu halten:

"Heil unserm Herzog, Heil!
Freude werd' ihm zuteil,
Freude stets mehr!
Flamme du Herz, empor!
Dringe zu Gottes Ohr,
mit deinem Freudenchor!
Gebt Gott die Ehr!

Gott gab den Freudentag:
Was tief verborgen lag,
Kam nun ans Licht.

Zage nicht Erdensohn!
Wenn schwarz die Wolken drohn,
Gott hält auf seinem Thron
Wag' und Gericht.

Er führt es alles aus,
Schützt unser Welfenhaus,
Mit mächt'gem Arm.
Eintracht ist Gottes Band:
Herzog und Vaterland,
Reichen sich Herz und Hand
Heilig und warm."

Eine wirklich schöne Stimme besaß von den Braunschweiger
"Chorknaben" nur der Mundschenk, Konrad von Hadeln.
Er war ein kleiner gemütlicher Herr, der mehr einem wohl-
genährten Mönch glich denn einem Inhaber eines der
höchsten Hofämter. Heinrich und sein Hof schätzten ihn
sehr. Mochte er im Sinne der Bergpredigt des Herrn Jesu,
nach der die Einfältigen selig seien, auch zu einem der sicher-
sten Anwärter auf einen Platz im himmlischen Reiche gehören, so war sein Talent, überall und zu jeder Zeit die Braunschweiger Hofgesellschaft sowie die ihr dienenden Mannen
mit Trinkbarem zu versorgen, doch eine Kunst, die Konrad
perfekt beherrschte. Nie fehlte es an Mumme, und auch in
den entlegensten Gegenden, in denen der reise- und kampf-
freudige Herzog und seine Heerscharen ihren Geschäften
nachgingen, wußte Konrad bei Bedarf auch immer ein gutes
französisches Weinchen herbeizuzaubern. Er selbst schätzte
sein Können und seine Akquisitionen durchaus hoch ein und
versäumte nie, ausgiebig den Trunk zu probieren, der für die
jeweilige Tafel ausersehen war. Nie aber führte diese Sorgfalt
etwa dazu, daß er sich betrunken in der Nähe des Herzogs
aufhielt. Kurz, er war ein mit sich und der Welt vollkommen
einverstandener Mann.

Sowohl von der äußeren Statur wie vom Wesen her gesehen war Konrad das gerade Gegenteil des Hofmarschalls Geyler von Stuttengard, genannt Deckmann, dem dritten im Sängerbunde. Zu seinem Spitz- und von ihm mit süßsaurem Lächeln mittlerweile auch hingenommenem Rufnamen war Geyler gekommen, weil er in der Überzeugung lebte, ein ausgepichter Pferdekenner und -züchter zu sein, was man von einem Hofmarschall schlechterdings auch erwarten konnte. Leider verhielt es sich in seinem Falle aber ähnlich wie mit der Selbsteinschätzung Jordans im Hinblick auf dessen Sangeskunst.

Die Zuchtergebnisse von Deckmanns Versuchen waren in der Regel eine Katastrophe, für die allenfalls der Hofmetzger anerkennende Worte fand. Aber auch bei der Aufsicht über die Stallungen oder bei der Quartierbeschaffung versagte der große, schlanke, stets mürrisch und unzufrieden wirkende Marschall nicht selten. Wie oft hatten nicht der gute Truchseß Jordan oder der Kämmerer Rainhard eingreifen müssen, um Schlimmes zu verhüten! Herzog Heinrichs wachsamen Augen war die Unzulänglichkeit seines Marschalls keineswegs verborgen geblieben, aber Deckmanns entfernte Verwandtschaft mit dem Kaiser, dem Heinrich in minder wichtigen Angelegenheiten gern zu Gefallen war, hatte ihn bewogen, seinem Hofmarschall die herzogliche Gunst nicht zu entziehen. Doch wehe Deckmann, wenn sich das gute Verhältnis zwischen dem Kaiser und mächtigen Herzog von Sachsen und Bayern einmal ändern sollte ...

Während der langen Reise wurden auch die zur Gesandtschaft gehörigen vier Kammerherren zu den abendlichen Gesangsrunden gebeten, die eigens von Heinrich bestimmt waren, zum leiblichen und geistigen Wohlergehen der jungen Königstochter auf der langen beschwerlichen Reise besonders Sorge zu tragen. Dies bedeutete eine große Ehre für sie, dessen waren sich die vier sehr wohl bewußt, und so versuchte jeder ständig möglichst vorn in der Sonne der prinzeßlichen Gunst zu stehen und die anderen mit allen erlaubten oder auch nicht erlaubten Mitteln hinter sich in den Schatten zu schieben.

Am besten gelang dies noch Bertel von Föhring, der von der äußeren Statur ein Zwillingsbruder des Mundschenken Konrad hätte sein können, aber mit diesem, was Intelligenz und Einfallsreichtum anlangte, der sich nicht auf Trinkbares bezog, durchaus nicht zu vergleichen war. Immer wieder wußte Bertel die Prinzessin mit Späßen zu erheitern oder ihr kleine Überraschungen zu bereiten. So gelang es ihm etwa, auf der langen Reise aus französischen Gefilden zum Hochzeitsort Minden an der Weser nahezu jeden Tag eine Kleinigkeit vor ihre kleinen, aber sehr selbstbewußt auftretenden Füße zu legen: ein besonders schön gesticktes Tüchlein, einen blühenden Kirschzweig mitten im Januar, einen Wurf niedlicher Katzenkinder. Oder er organisierte während einer Rast ein "Turnier" mit ortsansässigen Bauern, das die Reisenden zu Heiterkeitsstürmen hinriß.

Dies erregte, je länger die Reise dauerte, den Neid der drei anderen Kammerherren in wachsendem Maße. Mochten sie auch noch so sehr in ungeschmeidigem Französisch die Taten Heinrichs des Löwen und die Schönheiten Braunschweigs rühmen - wenn es galt, die Aufmerksamkeit der Prinzessin zu erregen, war Bertel ihnen immer um eine Nasenlänge voraus.

Die anderen drei aber waren: Lüding von Minden, Sigurd von Wallmoden und Ekbert vom Oesel. Lüding von Minden war ein außerordentlich frommer und gebildeter Mann, der das Reisen haßte und am liebsten seiner eigenen Wege ging, gleichwohl aber wußte, daß er seinen hohen Verpflichtungen nachzukommen hatte und daher die Prinzessin mit langatmigen Vorträgen über die Ahnen Herzog Heinrichs langweilte.

Sigurd von Wallmoden war der künstlerische Berater Herzog Heinrichs. Er war viel in der Welt herumgekommen und hatte sich lange in Rom und Venedig aufgehalten. Aufgrund seiner Beschreibung der kapitolinischen Wölfin und des Markus-Löwen hatte der Braunschweiger Meister Jörg von der Weverstrate den großartigen Burglöwen geschaffen, dessen Ruhm, obwohl erst vor zwei Jahren fertig- und aufgestellt, bereits bis an die Höfe Henrys II. FitzEmpress gedrungen war. Obzwar vom Herzog für seine Verdienste zusätzlich zu seinen übrigen Ländereien noch mit dem Gut Osterloh belehnt, fühlte sich Sigurd gegenüber den anderen Kammerherren vom Herrscher wie vom Truchseß ständig zurückgesetzt, was schließlich zu einem Gallenleiden und einer grämlichen Miene führte, die durch die beschwerliche Reise - er war zudem schon jenseits der sechzig - und die Umtriebigkeit des früher mit ihm befreundeten Bertel nur in Gegenwart der Prinzessin einem gequälten Lächeln für wenige Minuten Platz machte.

Der vierte im uneinträchtigen Bunde der Kammerherren war Ekbert vom Oesel, der jüngste von allen, etwa dreißig Jahre alt. Heinrich hatte ihn wegen seines jugendlichen Alters ausgewählt, aber auch, weil der Herzog trotz seiner eher kühlen und harten Wesensart für Schmeicheleien nicht ganz unempfänglich war. Und wenn Ekbert etwas konnte, so war dies schmeicheln! Dies bewies er auch gegenüber der Prinzessin, der er in einer Unterwürfigkeit begegnete, die sogar die in dieser Hinsicht nicht eben zurückhaltenden anderen Kammerherren anwiderte. In seinen Lobeshymnen auf die königliche englische Familie im allgemeinen und auf die Königstochter Mathilde im besonderen steigerte sich Ekbert gelegentlich so sehr, daß ihm vor lauter Entzücken Schaum vor den Mund trat, seine Augen sich verdrehten, daß nur das Weiße noch sichtbar war, der Redefluß gehemmt wurde und er nur noch ein seliges anbetendes Stöhnen von sich geben konnte.

Wehe aber, Ekbert glaubte die Prinzessin nicht in seiner Nähe, dann zeigte sich eine andere Seite seines Wesens, von der die blaugeprügelten Rücken seiner Knechte ein Zeugnis gaben. Für kleinste vermeintliche Vergehen oder Nachlässigkeiten oder auch wenn Ekbert einfach nur schlechte Laune hatte, was nicht selten vorkam, mußten sie Züchtigungen der schwersten Art erdulden. Dies galt auch für die Hintersassen seines kleinen Lehens, die unter seiner harten und ungerechten Hand bitterste Not zu leiden hatten und ihr Dasein, aus dem es kein Entrinnen gab, verfluchten und nur in der Hoffnung weiter zu leben vermochten, daß sie nach dem Durchschreiten dieses irdischen Jammertales der himmlischen Seligkeit um so sicherer teilhaftig werden würden.

So sehr auch diese vier einander belauerten und sich zu schaden versuchten, so sangen sie doch aus voller Kehle jeden Abend mit, wenn Truchseß Jordan anstimmte:

"Wir lust'gen Braunschweiger,
Sein wir alle beisammen?
Ei, so lasset uns fahren
Mit Roß und mit Wagen
Nach unserem Quartier -
Lust'ge Braunschweiger seien wir!

Unser Herzog hat uns wohl bedacht,
Bier und Branntwein uns mitgebracht.
Musikanten zum Spielen,
Hübsche Mädchen zum Lieben
Zu unserem Plaisier -
Lust'ge Braunschweiger seien wir!"

Dies also waren die unmittelbaren Gesellschafter der Prinzessin auf der Reise, von denen wir aus den Quellen wissen. Über alle anderen Reisebegleiter: Knechte, mindere Dienstmannen, Mägde, Köche, Diener wissen wir nichts, doch wird ihre Zahl stattlich gewesen sein.

Die Reise zog sich durch den Schlamm dahin, die Fortbewegung wurde immer beschwerlicher, schleppender, denn ein Dauerregen hatte große Strecken der "Straßen" überflutet, und man mußte sich mühsam auf Umwegen dem Ziel nähern. Doch es ging voran, und Mitte Januar war man drei Tagesreisen, also etwa 100 Kilometer vor Minden bei einem Gutshof angelangt. Das Wetter hatte sich nach der Ankunft gebessert, und nach langer Zeit strahlte die Sonne ebenso wie die Braunschweiger.

Diese nämlich erfuhren von einer Abordnung Herzog Heinrichs, der bereits in Minden angekommen war, daß man dort mit den Vorbereitungen für die Hochzeit begonnen habe. Am Abend der Ankunft auf dem Gutshof speiste Maud allein an einer reich gedeckten Tafel, während die Braunschweiger Gesandtschaft, einige Schritte abgerückt, sich an der von der Abordnung Heinrichs mitgebrachten guten Mettwurst ergötzten und bereits dem zweiten Fäßchen Mumme das Spundloch eingeschlagen hatten. Und schon stimmte Jordan das Lied an, das Maud auf der Reise schon so oft hatte hören müssen, das ihr aber dadurch nicht erträglicher geworden war:

> "Bronswyk, du leive Statt,
> Vor vel dusent Städen,
> Wo es gute Mumme hat,
> Und man Wurst kann freten."

Maud stöhnte leise, doch ihre Gedanken entfernten sich bald wieder von ihrem Mahl und den Braunschweiger Gesangskünstlern. Bald würde sie ihrem Bräutigam begegnen, von dem sie schon so viel gehört hatte und der nach den täglichen Erzählungen der Kammerherren und auch nach den Ausführungen ihrer Mutter ein Ausbund an männlicher Schönheit, Tapferkeit und Güte sein mußte. Ob er wohl noch besser aussah als der heimlich verehrte Eilhard, dessen Bild ihr oft vor Augen stand: schlank, mit breiten Schultern und schmalen Hüften, groß gewachsen? Aber was hatte man ihr alles erzählt?! Und was hatte sie bisher erleben müssen ...

Kapitul VIII

Die Hochzeit in Minden

Und dann war er da, der große Tag für Maud, für Heinrich wohl auch, für die Braunschweiger und natürlich auch für Minden, den Bischofssitz. Maud hatte sich zunächst gewundert, warum gerade Minden an der Weser, ein Ort, von dem sie bis dahin nie gehört hatte, und nicht Braunschweig von Heinrich für die Trauung auserkoren worden war. Baldewin von Utrecht hatte es ihr auf ihre Frage hin in einem langen Gespräch ausführlich und verständlich auseinandergesetzt.

Für den feierlichen Akt, so Baldewin, benötige der Herzog, der immerhin eine Königstochter ehelichen werde, einen glanzvollen Rahmen. Und dazu gehöre nun einmal ein Bischof und seine Kathedralkirche. Genau dieses aber habe das kleine Minden vorzuweisen, nicht jedoch Braunschweig. Zwar gebe es an der Oker das altehrwürdige St. Blasiusstift mit seiner dreischiffigen Basilika, die schon unter den Brunonen entstanden war, aber es fehle ein richtiger Bischof, und mit den Mindnern könnten sich die Braunschweiger Kanoniker nicht messen.

Nun wäre Heinrich gewiß der Mann gewesen, sich über derlei Bedenken hinwegzusetzen, wenn auch mit Bauchgrimmen, denn er war vor der Welt ein durchaus frommer und gottesfürchtiger Mann, doch der kluge und lebensweise Baldewin hielt es für ratsam, die angehende Herzogin in die politischen Absichten ihres künftigen Gemahls - oder das, was er dafür hielt - ein wenig einzuführen. Mochte sie doch auf diese Weise in vorauseilender Bewunderung schon eine Ahnung bekommen von der überragenden Stärke ihres Löwen Heinrich, und die lag eindeutig im politischen Bereich; bei allen anderen Bereichen war sich Baldewin da nicht so sicher; man munkelte allerlei ...

Also: Minden als Trauungsort bot sich wegen seiner günstigen geographischen Lage an der Weser an, nämlich an der Grenze zwischen den Gebieten im östlichen Sachsen, die der unmittelbaren Macht des Welfenherzogs unterlagen, und dem Bereich westlich der Weser, in dem der Herzog kaum wirkliche Herrschaftsrechte besaß, außer dem Recht, den Landfrieden zu bewahren. Mit der Trauung in Minden aber, so führte der kluge Baldewin aus, wollte Heinrich gewiß auch symbolisch auf seine herzogliche Obergewalt jenseits der Weser einen Fingerzeig geben.

Wie dem auch sein mochte, die Bischofsstadt Minden hatte rein gar nichts gegen diese prestigeträchtige Trauung einzuwenden. Des "Imagegewinnes" für die Stadt waren sich hoher wie niederer Klerus, Handwerk wie Handel durchaus bewußt. Ein vergnügtes Grinsen der Mindner war der deutlichste Ausdruck der allgemeinen Stimmungslage: "In Braunschweig kann er wohl nicht ...". Doch es war ja nicht nur das in Aussicht genommene große Spectaculum, das die Mindner so herzlich erfreute, der als sparsam bekannte Heinrich hatte sich auch nicht lumpen lassen. Als Geschenk, so hatte er angekündigt, werde er dem Dom den Hof Lahde übertragen, allerdings unter Vorbehalt der dazugehörigen Hufen. Ein kostbares Reliquiar wolle er überdies mitbringen. Es blieb kein Geheimnis, daß er damit das Armreliquiar des Heiligen Gorgonius meinte.

Zufriedenheit also allüberall. Und so war es kein Wunder, daß Mauds Einzug in Minden einem Triumphzug gleichkam. Die Vorhut bildete Hofmarschall Deckmann persönlich - und allein. Die schon vor den Stadttoren in beträchtlichen Spalieren aufgereihten Jubel-Mindner hatten mit ihrem Mützen- und und Hüteschwenken nämlich das Pferd des Herrn Marschall so erschreckt, daß es wie von Furien gehetzt durchging und Zuflucht innert der Stadtmauern suchte.

Deckmann ("ein Hofmarschall weiß über's Züchten und Reiten grundsätzlich mehr als jeder andere") hielt sich in verzweifelter Angst mit den Armen am Hals der eigens von ihm ausgesuchten und sonst zahmen und verträglichen Stute fest, donnerte dann durch den inneren Stadtbezirk, am Dom vorbei bis zur Weser, vor der die Stute scheute, was Deckmann ein Bad im eiskalten Wasser bescherte, von dem er sich erst viele Wochen später in Braunschweig erholen sollte. Die Mindner aber waren glücklich: Ja, ja, was die hohen Herrschaften doch an Lustbarkeiten bieten konnten - das war die große Welt!

Maud sah aus einiger Entfernung, wie sich der lange Zug zum Dom bewegte, vor dem Heinrich wartete, um seiner zukünftigen Ehefrau eine Vorstellung zu vermitteln von der eindrucksvollen Baulichkeit, in der in Kürze die Vermählung stattfinden würde. Zuerst nahten sich ihm Mauds englische und französische Begleiter, deren Huldigung der Herzog freundlich, aber uninteressiert zur Kenntnis nahm. Propst Baldewins Kurzbericht hörte er aufmerksam und mit achtungsvollen Gebärden zu und führte ihn schließlich persönlich, beide aufgesessen versteht sich, in die Mitte des Halbrunds, das sich hinter ihm vor dem Domportal versammelt hatte. So auch verfuhr er mit Truchseß Jordan, den er neben Baldewin geleiten ließ. Kaum beachtete er aber die übrigen Höflinge, die sich ihm in unterwürfiger Haltung zu Pferde, was an sich schon eine sportive Leistung darstellt, näherten: den Kämmerer Rainhard, zufrieden mit der vollbrachten Leistung, den Schatz und auch die Königstochter bis hierher verbracht zu haben; den Mundschenk Konrad, der nur einen ehrerbietigen Gruß dem Herzog gönnte, um sogleich weiter mit der Musterung seiner menschlichen und baulichen Umgebung fortzufahren; und die vier Kammerherren.

Mochte Ekbert noch so sehr die Augen vor Wonne beim Anblick des Herzogs verdrehen, Lüding sich noch so tief verbeugen, Sigurd noch so ernsthaft und bedeutungsvoll in Richtung der unmittelbar hinter den Kammerherren reitenden Maud blicken, Heinrich hatte nur Augen für eben diese. Einzig Bertel gelang es, für einen Augenblick die Aufmerksamkeit des Herzogs auf sich zu ziehen. Er ritt geradewegs auf den Überraschten zu und legte ihm eine weiße Lilie auf den Sattelknauf, was Heinrich mit Verwunderung, aber nicht sonderlich erfreut zur Kenntnis nahm. Seinen Gesichtszügen war anzumerken, daß er sich vielleicht doch höchstens zwei Fragen stellte, nämlich:

1. Was soll das? und
2. Woher hat er das um diese Jahreszeit?

Bertel aber war mal wieder oben auf oder vorne dran.

Maud aber beobachtete die Vorgänge, die ihr im Wortsinne vorausgingen, aufmerksam vom Rücken ihres weißen Zelters, auf dem sie im eleganten Damensitz ihrem zukünftigen Gemahl entgegengetragen wurde. Eigentlich mochte sie diesen Reitsitz ganz und gar nicht, hatte sie doch gelernt, rittlings auch auf den feurigsten Hengsten über Wiesen und Weiden, Stock und Stein zu galoppieren. Auch das für den Paßgang abgerichtete schneeweiße edle Tier sagte ihr nicht zu. Aber was half's? Eine englische Königstochter konnte ja nicht gut dem Sachsenherzog, dem sie anverlobt war, im Galopp entgegensprengen!

Dessen Gestalt aber vermochte sie beim Näherkommen nun immer deutlicher zu erkennen. "O nein, wie klein!" entfuhr es ihr unwillkürlich. Die neben ihrem Roß einherschreitenden Hofdamen und Edelknappen blickten erschrocken zu ihr auf. "Ruhig, Prinzessin, ruhig!" wisperte ihr Zofe Marie zu, auf deren Anwesenheit bei der Begrüßungszeremonie Maud trotz schwerster Bedenken der Hofdamen ausdrücklich Wert gelegt hatte.

Maud erfraute sich, zupfte geistesabwesend an ihrem langen,

schweren, mit Silber und Gold durchwirkten Mantel und erreichte die Mitte des Domplatzes. Herzog Heinrich war unterdessen mit einem eleganten Sprung abgesessen, wobei er die hilfreich ausgestreckte Hand seines Knappen betont zurückgewiesen hatte, und schritt in raschem Tempo und mit merkwürdig wiegenden Hüften auf Maud zu. Fast schien es ihr, als zöge er ein Bein leicht nach, doch sie hatte keine Zeit, dies genauer zu beobachten. Mit halb geschlossenen Augenlidern betrachtete sie in gespannter Aufmerksamkeit und mit bebendem Herzen ihren zukünftigen Gemahl.

Es nahte sich ihr eine mittelgroße drahtige, breitschultrige Gestalt, gewiß einen halben Kopf kleiner als sie selbst - und sie war erst zwölf Jahre alt! Weder Hut, Helm noch Krone bedeckte das schwarze Haar, das glatt und dicht bis zur Höhe des Kinns herunterfiel. Aus dem für einen im Norden wohnenden Menschen selten braunen und bartlosen Gesicht - sie sollte ihn später zu einem wunderbaren kurzen Vollbart überreden, der sein fliehendes Kinn überdeckte - blickten schwarze Augen scharf, fast stechend Maud direkt und ohne ein Wimpernzucken an. Eine schmale, hakenförmige Nase erinnerte Maud an einen Raubvogelschnabel. Der nicht zu breite, wenig geschwungene Mund mit farblosen, schmalen Lippen öffnete sich zu einem Lächeln, und Maud sah zwei Reihen perlweißer, makelloser Zähne, sah auch, daß die beiden oberen Eckzähne um etliches länger und spitzer waren als ihre Nachbarn.

"Ein Raubtier!" durchzuckte es Maud, und "ein Römer!" war ihre zweite spontane Assoziation - kein Ivanhoe und kein Eilhard, weder stattlich noch schön und doch ... Maud war fasziniert vom Gesicht dieses Mannes, nein, es war nicht das Gesicht, es war dieser durchdringende Blick, scharf, sezierend, dabei jedoch nicht unfreundlich. Maud fühlte sich von Heinrichs Augen förmlich durchbohrt, ja gepfählt. Ohne sich von diesen Augen abwenden zu können, ergriff sie die ihr dargereichte Hand Heinrichs und ließ sich aus dem Sattel gleiten.

"Willkommen, Prinzessin, ich hoffe, Ihr hattet eine angenehme Reise?" Die dunkle, etwas gutturale Stimme Heinrichs drang an ihr Ohr. Erfreut stellte sie fest, daß er französisch sprach, etwas hart vielleicht, aber durchaus wohlklingend und korrekt. Sie antwortete in wohlgesetzten Formulierungen, doch vermochte sie sich später in ihren Aufzeichnungen an nichts mehr zu erinnern. Es war ihr, als spräche sie nicht selbst, sondern als spräche es aus ihr, eine fremde Stimme, mit Worten, die ohne Bedeutung für sie waren.

Heinrich aber schienen sie zu gefallen. Er lächelte, und Maud bemerkte, wie sich ihre Spannung löste: dieser so hart und etwas finster wirkende Mann konnte freundlich sein, schien auch Humor zu besitzen. Ihre anfängliche Beklommenheit wich der Erleichterung: Ach ja, er hatte nichts von Ivanhoe, von Eilhard schon gar nicht, aber er war faszinierend, und eigentlich sah er so schlecht gar nicht aus, und im übrigen würden sie übermorgen Mann und Frau werden.

Die Begrüßungszeremonie währte nicht lang. Unter den Jubelrufen und dem Geschrei ihrer Begleiter und des Mindner Volkes (Ekbert tat wieder einmal zuviel des Guten und konnte anschließend vor Heiserkeit drei Tage lang nicht sprechen) trennten sich die Verlobten und bezogen ihre stattlichen Gemächer; der Bräutigam im Palast des Bischofs, die Braut im nicht weit entfernt liegenden Nonnenkloster.

Am Tag der Hochzeit, es war der 1. Februar 1168, ein Donnerstag, hielt das trockene, sonnige und eiskalte Wetter an. Der Januar war nahezu schneelos gewesen, und der seit einer Woche anhaltende Dauerfrost hatte Straßen und Wege gefestigt. Die Priester, die in kostbare Ornate gehüllt unter

Glockengeläut und mit Gesang in einer feierlichen Prozession die Braut abholten, um sie zum Dom zu führen, froren entsetzlich. Die Bürger der Stadt, alle festlich je nach Vermögen gewandet, jubelten der Prinzessin vom Straßenrand oder aus den Fenstern der umliegenden Häuser zu. In der Stadt wimmelte es von Gästen, Schaulustigen und allerlei Volk. Hinter den dicht an dicht gedrängt stehenden Schaulustigen trieben Gaukler und Spielleute ihr Wesen; trotz der Kälte waren die Menschen durstig, und in großen Kesseln erwärmtes Bier fand schnell seinen Weg in die Kehlen und in die Nieren ...

Auch der kurze Gang des Bräutigams war von Schaulustigen begleitet. In der Mitte seines festlich gekleideten Hofstaates und unter den Klängen der Musik von wenigstens 40 Spielleuten, gefolgt von vier Knappen, die seine lange Mantelschleppe trugen, schritt der bekrönte Heinrich gemessen zum Eingang des Doms. Hier erwartete ihn Bischof Ernst Albrecht, um gemeinsam mit ihm die Braut zu empfangen. Unter dem Jubel und Geschrei der Schaulustigen zog dann das hohe Paar, Heinrich geleitet von zwei sächsischen Grafen, Maud, geführt von den Earls of Arundal und Strigoil, in den Dom ein, wo vor dem Altar Sitze für das Brautpaar und den Hofstaat aufgeschlagen worden waren.

Das Brautpaar saß erhöht auf mit Tannengrün geschmückten Sesseln. Doch wir wollen Mauds ausführliche Schilderung der Trauungszeremonie, die mehrere Seiten in ihren Bekenntnissen einnimmt, verlassen. Es war eine Trauung höchster, ja allerhöchster Herrschaften. Und wenn wir auch Verständnis für den Enthusiamus dieses jungen Blutes aufbringen, so sind doch derlei Zeremonien an anderer Stelle besser beschrieben worden. Erwähnt sei nur, daß die Kosten für Mauds Brautkleid 63 Pfund und 13 Schilling betrugen, wozu noch allgemeine Kosten von 28 Pfund und 14 Schilling kamen - das entsprach dem Gegenwert von 400 Ochsen.

Erwähnt sei auch, daß Maud sich ganz gegen ihre Neigung gehorsam an das ihr von der Mutter, den Hofdamen und dem Hauskaplan immer wieder mahnend beschriebene Reglement hielt: bei der Trauung schamhaft und furchtsam und mit niedergeschlagenen Augen den Worten des Bischofs zu lauschen, beim Ringwechsel die Hand nur wie gezwungen hinzuhalten und erst auf die dreimal wiederholte Frage leise "Ja" zu flüstern.

Heinrich, der Fuchs, aber durchschaute die mühsam gespielte Ziererei natürlich von Anfang an. Besonderes Vergnügen bereitete es ihm, daß seine kindliche Braut sich zu dergleichen offenbar zwingen mußte. Er aber ließ alles gelassen über sich ergehen, nicht ganz ohne Rührung zwar, aber doch auch völlig unaufgeregt - man hatte ja schließlich seine Erfahrung .

Nach vollzogener Zeremonie wurde noch eine große Prozession abgehalten. Voran Priester mit Lichtern, Weihrauchfässern und dem Armreliquiar des Heiligen Gorgonius. Den folgenden Vermählten schritt Truchseß Jordan, das blanke Schwert aufrecht vor sich hertragend, voraus.

Das Volk in Minden feierte die Trauung noch drei Tage lang. Die beiden Eheleute aber bereiteten, jeder für sich, ihre Abreise vor, denn das Beilager sollte erst in Braunschweig abgehalten werden.

Kapitul IX

Das Beilager auf Thankwarderode

Kalt und beschwerlich war der Weg nach Braunschweig. Ein widriger Nordwest hatte einen Tag nach der Trauung in Minden dichtes Schneetreiben über das Sachsenland gebracht. Den scharfen Wind im Rücken erreichte der gewaltige Hochzeitszug erst nach sieben Tagen Braunschweig, denn man hatte noch einen Umweg einschlagen müssen. Braunschweig! Die Stadt, von der die höfischen Sangesbrüder Maud so viel erzählt und leider auch gesungen hatten; Machtzentrum Heinrichs; Hort aller Tugenden Sachsens; Stadt gewaltiger Bauten und gepflasterter Straßen; und vor allem: Schatzkammer voller Würste und starker Biere!

Heinrich, der seine junge Frau während der Reise aufmerksam, aber ein wenig zurückhaltend umsorgte, ihr mehrmals täglich kleine Geschenke zukommen ließ (Bertel von Föhring konnte in diesen Tagen seine ganze Kreativität beweisen), Heinrich äußerte sich wesentlich kühler über seine Residenz. Der Burg Thankwarderode fehle noch ein Palas, der den Namen auch verdiene, einen "richtigen" Dom besäße man auch noch nicht und im übrigen befände sich alles noch im Bau, aber es würde schon werden. Nur wenn Heinrich vom "Löwen" sprach, leuchteten seine Augen, und der sonst eher wortkarge Mann geriet in ein Schwärmen, das auch Mauds Herz erwärmte.

Wenn sich bei derlei Gesprächen der Braunschweiger Hofstaat in der Nähe befand, hatte Maud das Vergnügen, Ekbert vom Oesel in Ohnmacht fallen zu sehen, denn in Gegenwart des Herzogs oder der Herzogin pflegte Ekbert bei dem Wort "Löwe" die Augen zu verdrehen, verzückt zu hauchen "Der Löwe, o ja, der Löwe ..." und schnurstracks vom Pferd oder vom Sessel zu fallen. Bei solchen Gelegenheiten berichtete

Lüding gern von der schwierigen und aufwendigen Herstellung der Plastik, und Konrad der Mundschenk erwähnte mit Stolz die vielen Fässer Starkbier, welche die trinkfesten Braunschweiger zur Feier der "Löwen-Enthüllung" auf Kosten des Herzogs zu leeren genötigt waren. Nur Rainhard der Kämmerer enthielt sich jeglichen Kommentars; er nämlich vermochte immer noch nicht einzusehen, warum sein sonst so sparsamer Herzog für derlei Firlefanz die Schatztruhe um eine beträchtliche Summe erleichtert hatte.

Die Reaktionen ihres Gemahls bei der Erwähnung Braunschweigs, der als erfahrener Mann viel von der Welt gesehen hatte, hielten Mauds Erwartungen durchaus auf einer recht niederen Stufe. Ein weiterer Grund, sie im Hinblick auf Braunschweig nicht allzu euphorisch zu stimmen, war ein Aufenthalt in dem Dorf Honovere, wo Heinrich bei den - wie er sich ausdrückte - "Leinelumpen" noch etwas zu erledigen hatte. Man nächtigte mehr schlecht als recht in einem Hof, den der Herzog dort seit einigen Jahren besaß, und am darauffolgenden Tag konnte Maud erstmals miterleben, wie Heinrich Recht sprach.

Es hatte sich nämlich nach "gutem Zureden" einiger aus Braunschweig abgeordneter Spezialisten für peinliche Befragungen beweisen lassen, daß der Dorfschulze von Honovere mit zwei Dutzend Wegelagerern mehrfach Kaufleute auf der Straße nach Braunschweig überfallen, erschlagen und ausgeraubt hatte. Heinrich, der auch wegen anderer unerfreulicher Vorfälle auf die Honoverener ohnehin nicht gut zu sprechen war und sich schon überlegt hatte, das Dorf ganz auszulöschen, Heinrich machte einen kurzen Prozeß und ließ den Schulzen wie dessen Genossen innert 15 Minuten nach dem Richtspruch in Säcke binden und zum hohen Ufer der Leine tragen, in deren eiskaltes Wasser sie so verpackt geworfen werden sollten.

Maud aber erinnerte sich in diesen Augenblicken an einen Gerichtsprozeß, den vor einigen Jahren ein anderer Heinrich geführt hatte: "Willst du, liebster Gemahl, nicht Gnade nach Braunschweiger Art walten lassen?" Heinrich hob erstaunt die Augenbrauen; davon hatte er noch nie gehört. Doch entscheidungs- und entschlußfreudig wie er nun einmal war, rief er den Bütteln zu, sie möchten doch einige Tannenreiser in die Bünde der Säcke stecken, denn er, der Braunschweiger Herzog, sei heute nun einmal gnädig gestimmt. So geschah es, und die versammelten Zuschauer konnten das schöne Schauspiel erleben, wie 25 hübsch geschmückte Säcke unter Gekreisch der Inhalte in die Leine gestoßen wurden, worin sie in wenigen Sekunden versanken. Nach diesem alle erheiternden Spectaculum brauchte es noch zweier Tage bis man in Braunschweig anlangte.

Nach all dem, was Maud auf ihrer Reise durch das Sachsenland erlebt hatte, war sie auf das Schlimmste gefaßt. Aber so schlimm war es dann gar nicht! Von Schnee bedeckt, zeigte die von den Armen eines Flüßchens umgebene und durchzogene Stadt durchaus einen gewissen Liebreiz. Daß sie im wilden Osten kein Poitiers erwarten würde, wußte Maud längst, aber die Erfahrungen in dem häßlichen Honovere hatten ihr doch zu denken gegeben. Und dann der Löwe! Die Plastik faszinierte Maud sofort, und mit einem scheuen, bewundernden Seitenblick auf Heinrich schritt sie unter dem Jubel der Braunschweiger, die trotz einsetzenden Schneetreibens ihren Herzog und seine junge Frau begrüßten, in die Burg, die nach Heinrichs beiläufigem Gemurmel "längst noch nicht fertig" war.

Wenige Tage später fand das Beilager statt, auf das sich Hof und Stadt schon lange vorbereitet hatten. *Hinweis: Maud hat in ihren Bekenntnissen auf eine eingehendere Schilderung der allgemeinen Festivitäten verzichtet und nur weniges angedeutet. Für die Königstochter muß es selbstverständlich gewesen sein, daß* nicht nur die zweistöckige Burg und die umliegenden Häuser in die Feierlichkeiten miteinbezogen wurden, sondern auch das Gerichtsgebäude, ja sogar die Höfe, die durch gewaltige Zelte geschützt wurden. Aus anderen Quellen wissen wir, daß bei derartigen Gelegenheiten alle mitfeiern durften, hohe Damen und Herren, Kriegs- und Kaufleute, Handwerker und Bauern und auch das Gesinde. Wildbret und Geflügel wurde in Massen aufgetischt, Bier und Wein flossen in Strömen, ganz Braunschweig roch nach Gebratenem und Bier und dem, was das Volk davon wieder ausschied. Braunschweig feierte die zukünftige Prinzengebärerin auf eine in nördlichen Gefilden übliche reichliche und derbe Weise. In dem langen Leben, das mir, die ich das Glück habe, die Bekenntnisse dieser einmaligen Frau für die Nachwelt zu erinnern, das Schicksal geschenkt hat, sind mir viele berauschende Feste in nördlichen Regionen Europas in Erinnerung geblieben. Mir will scheinen, daß die Nordländer, da sie nicht so oft der Heiterkeit spendenden Kraft der Sonne teilhaftig werden wie der Süden, jede Gelegenheit nutzen, gleichsam von innen heraus, diese Heiterkeit zu erzeugen und die Wärme der Sonne durch die berauschende Wirkung alkoholischer Getränke zu ersetzen trachten.

Am Tage des Beilagers, es war der 14. Februar 1168, wurde Maud, kaum daß es dunkel geworden, von ihren Hofdamen und der treuen Marie in die Brautkammer geführt. Man entkleidete sie und wusch sie mit Rosenwasser. Dabei sprachen die Frauen ihr Mut zu und gaben ihr viele gute Ratschläge für die bevorstehende Nacht. Als die Tritte Heinrichs und seiner Begleiter zu hören waren, wisperte Marie ihr noch leise ins Ohr: "Augen zu und denkt an Engl..., äh, an Braunschweig!" und verschwand.

Auf trat Heinrich, von besten Saale-Weinen aus den unerschöpflichen Vorräten des Mundschenken Konrad und mehreren Pfunden Wildbret angeregt. Mit wiegenden Schritten näherte er sich Maud und streifte ihr das Brauthemd vom

Leibe, mußte sich dabei allerdings kräftig recken, denn ohne seine Reitstiefel war er tatsächlich wenigstens einen halben Kopf kleiner als sie. Unauffällig erleichterte ihm Maud durch ein sanftes Neigen ihres Oberkörpers das schwere Geschäft. Dann aber stand Heinrich nach Luft schnappend vor dem knospenden weiblichen Körper. Hatte Mann in Ida la Castrois' Leib, die ihm bis vor wenigen Monaten "den Haushalt geführt hatte", versinken können, so mußte Mann diesen wohl besteigen: so jung - und so groß!

Im Nu hatte sich Heinrich seiner kostbaren Kleider entledigt. Auch er roch nach Rosenwasser, allerdings auch nach Wein, Wildbret und Zwiebeln. "Ich muß dir anvertrauen, liebste Maud, daß mein Vetter Friedrich, derjenige, der Kaiser ist, mir ein gar anregend Tränklein hat zukommen lassen. Also, wappne dich, Liebste!" Maud wappnete sich also, und Heinrich lanzte sich ...

Hinweis: Wir verlassen hier das reif-junge Paar, denn Mauds Bekenntnisse weisen für diese Stunden erhebliche Lücken auf. Die Nachwelt kann aber aus ihrer "Beichte" und anderen Quellen erfahren, daß Heinrichs Lanze zwar verwundete, aber nicht zur "Schußwaffe" wurde. (Man verzeihe mir diesen unzeitgemäßen Vergleich für ein Ereignis, das sich im 12. Jahrhundert zutrug.)

Mochten die Höflinge am nächsten Morgen mit ehrerbietigsten Gesten auch das blutige Bettlaken bewundern, Truchseß Jordan voller ehrlicher, übergroßer Freude seinem Herzog die Hand küssen, Mundschenk Konrad ein exquisites Stärkungsfrühstück servieren, Marschall Deckmann mit rauher Stimme grunzen: "Ein Hengst, wahrlich, was für ein Hengst!" und Ekbert vor Wonne röcheln: "Da möchte man doch glatt zum Weibe werden!" - Tatsache war, daß Heinrich trotz mehrfacher Versuche eben nicht ... Freilich wußte dies außer Maud und ihm niemand.

Vielleicht hatte es an zuviel Wein und Wildbret gelegen? An den Blödigkeiten der Spielleute und Narren? Oder hatte Heinrich zuwenig dem Trunk des Kaisers zugesprochen? Nun, daran sollte es nicht liegen! Heute war auch noch ein Tag! Richten, schlichten, leiern, feiern, regieren und Friedrichs Trunk probieren, den der gute Wernher getreulich nach dem ihm von des Kaisers Knecht gegebenem Rezept immer wieder frisch bereitete - und hin zu Maud! Spaß bei ihr, Frust bei ihm. Nach mehrfachen täglichen und nächtlichen Versuchen während dreier schöner Frühlingsmonate gab Heinrich auf. Das schöne Eheweib hatte zwar alles, was ein Mann begehren konnte, und war überdies auch noch klug, aber es schien wie verhext: der Welfensame konnte einfach nicht in den Blumentopf kommen.

Der kaiserliche Auftrag, seinen Schwiegervater in polititischen Angelegenheiten zu besuchen, kam Heinrich in diesem Jahre sehr gelegen. Vielleicht half eine vorübergehende Trennung? Maud, verwirrt zwar, aber nicht unglücklich, widmete sich ihrer Aufgabe, Herzogin von Braunschweig zu sein.

Kapitul X

In Braunschweig

Mählich gewöhnte Maud sich an ihre neue Heimat. Das Verhältnis zwischen Heinrich und ihr war geprägt von beiderseitiger Ehrerbietung, höflich, aber nicht herzlich. Heinrich mied Maud, wann immer ihm dies möglich war. Wenn er nicht zu richten, zu regieren oder zu empfangen hatte, unternahm er tagelange Inspektionsritte in die nähere und weitere Umgebung oder jagte in Harz und Elm. Maud hatte dagegen nichts einzuwenden, ja hätte dies auch nicht getan, selbst wenn sie Einwände gehabt hätte. Dazu war die Königstochter auf ihren zukünftigen Beruf als Ehefrau eines Herrschers schon seit ihrer Kleinkinderzeit zu gut vorbereitet worden.

Sie nahm sich der Aufsicht über die herzogliche Hofhaltung mit Umsicht, Tatkraft und freundlicher Strenge an, wobei ihr Marie eine unentbehrliche Stütze war. Marie war auch immer bestens darüber informiert, was sich in Küche und Keller, Haus und Hof so alles zutrug. Denn einmal war sie durch ihr umgängliches Wesen, ihren derben Humor und ihren Fleiß überall gern gesehen - sehr schnell hatte sie sich auch in die fremde Sprache eingefunden, und von den vielen neuen Ausländern am Braunschweiger Hof sprach keiner ein offeneres A als sie - zum andern war sie nach wenigen Wochen eine beiderseitig befriedigende Liaison mit dem Hofgärtner Wernher eingegangen, der ihr an Pfiffigkeit, Umtriebigkeit und informeller Informationsbeschaffung in nichts nachstand.

Wernher, dessen gut gepflegter Kräutergarten an deutschen Höfen seinesgleichen suchte - "der Hagen" war in ganz Europa bekannt -, war der Sohn eines Meiers Helmbrecht aus dem Magdeburgischen. Bevor er an den Braunschweiger Hof kam, war er Gärtner bei Bischof Wichmann in Magdeburg gewesen, "dem bösen Bischof", wie Wernher nicht müde wurde bei allen passenden und unpassenden Gelegenheiten zu betonen. Denn, so Wernher, dieser habe ihn dazu veranlassen wollen, giftige Pflanzen zu züchten, um mit aus ihnen gewonnenen Pulvern und Tränken lästige Gegner aus dem Weg zu räumen. Da habe er, Wernher, sein Samengut gepackt und sei in den Westen, nach Braunschweig geflohen, zum "guten Herzog Heinrich", dem er auch höchstpersönlich von allen Schandtaten des bösen Bischofs habe berichten dürfen. "Immer munter!" war Wernhers Wahlspruch, den er bei jeder Gelegenheit und auch als Gruß und Verabschiedung fröhlich zu rufen pflegte. Dies hatte ihm beim Braunschweiger Gesinde, bei dem er außerordentlich beliebt war, den Spitznamen "IM" eingetragen.

Hinweis: Erst sehr viel später, kurz nach Heinrichs erneuter Verbannung und ein Jahr vor ihrem frühen Tode, sollte Maud erfahren, daß Wernher der Gärtner all die Jahre als Agent des Magdeburger Bischofs diesem jeden Monat lange Berichte über alles, was sich in Braunschweig ereignete, heimlich zukommen ließ. Wir wissen heute auch, daß er mit seinen von Kaiser Friedrich empfohlenen Stärkungstränken an Heinrichs ganz besonderem Problem nicht unschuldig war, zumal er über die Wirkung der von ihm verarbeiteten Zutaten bestens Bescheid wußte. Dies sollte eine bittere Enttäuschung für Maud werden und hätte überdies ihrer Zofe Marie beinahe noch den Kopf gekostet. Marie konnte jedoch auch unter der peinlichsten Befragung stets nur beteuern, daß sie, obwohl mit Wernher schließlich sogar verehelicht, von alldem nichts gewußt habe.

Wir Heutigen aber sind froh über die Berichtswut des Magdeburger Spions, denn da dieser nahezu alles für mitteilenswert hielt, was am Braunschweiger Hof geschah, können wir uns bestens über das Alltagsleben jener Zeit und ihrer Genossen informieren. In Magdeburg nämlich wurden die Berichte Wernhers

alle sehr sorgfältig aufbewahrt von dem peniblen Archivarius
Edmund, einem des Lesens und Schreibens kundigen, durch
einen Unfall berufsunfähig gewordenen ehemaligen Gaukler, der
die Berichte nicht nur sammelte, sondern von ihnen auch eine
Art Regesten anfertigte. Cousin Harro konnte die Papiere 1934
noch einsehen. Leider sind sie dann in den Bombennächten des
Zweiten Weltkriegs wahrscheinlich verbrannt.

Von Marie - oder indirekt von Wernher - erfuhr Maud so
zum Beispiel, daß Ekbert vom Oesel wieder einmal seine
Stallburschen so verprügelt hatte, daß sie vor Wundsein die
Pferde nicht versorgen konnten, was wiederum zu einer neu-
erlichen Strafaktion des Wüterichs führte. Mauds Interven-
tion bei Heinrich, der ohnehin wegen einiger aufgedeckter
Betrügereien auf Ekbert nicht gut zu sprechen war, hatte für
Ekbert, der sich vor Heinrichs Augen wie immer gleich einem Regenwurm wand, die fatale Folge, des Hofes
verwiesen zu werden. Auch verlor er sein Lehen im Süden
von Braunschweig. Der ungetreue Ekbert aber hatte nichts
Eiligeres zu tun, als schleunigst nach Magdeburg zu
entweichen, um Bischof Wichmann seine Dienst anzubieten.
Dieser aber ließ ihn, nachdem er ihn wochenlang über die
Braunschweiger Verhältnisse vernommen hatte, bald fallen.
Sein getreuer Wernher konnte mehr und besser liefern als
dieser unterwürfige und jähzornige ehemalige Braunschweiger Hofmeister. Damit verschwindet Ekbert aus der
Geschichte.

Amüsiert vernahm Maud auch gern das Neueste von Hofmarschall Deckmann, etwa, daß er befohlen hatte, auf die
Flanken der herzoglichen Pferde Nummern zu malen, auf
daß man sie besser unterscheiden könne. Dieser Befehl hätte
den Marschall, als Heinrich davon erfuhr, beinahe lebenslang
in den Kerker gebracht, und nur seine unter Tränen wiederholte Versicherung, daß alles nur ein Scherz gewesen sei, den
düster dreinblickenden Herzog zu erheitern, rettete ihn vor

einem kläglichen Ende - lebenslanger Kerker bedeutete in der Regel nur eine kurze Zeitspanne. Die übrigen Höflinge taten ruhig und emsig ihre Pflicht, und Maud bekam sie nur zu festlichen Gelegenheiten zu Gesicht. Bisweilen sprach Maud mit dem umtriebigen Bertel, der aber als Folge einer Heirat mit einer sehr viel jüngeren Edlen aus seiner süddeutschen Heimat seine Aktivitäten erheblich eingeschränkt und sich mehr auf seine ehelichen Verpflichtungen konzentriert hatte.

Einzig den Truchseß Jordan empfing die Herzogin mindestens zweimal in der Woche, um mit ihm die anliegenden Probleme der Wirtschaft von Thankwarderode zu besprechen, vor allem aber um sich mit ihm über aktuelle Dichtung auszutauschen oder einem Spielmann zu lauschen, der gerade in Braunschweig weilte. So entwickelte sich zwischen dem alten Mann und der jungen Frau ein enges Vertrauensverhältnis, das Maud oft half, das Heimweh, das sie gelegentlich ganz zu überwältigen drohte, wenn nicht zu beseitigen, so doch wenigstens zu unterdrücken und vergessen zu machen. Ihre gemeinsame Liebe zur Dichtung führte in kürzester Zeit dazu, daß die Hoffeste immer literarischer wurden und immer häufiger stattfanden.

Heinrich, der bis auf fromme Texte und das derbe Spiel "Der Kaiser mit der halben Birn" kein sonderliches Interesse an Sängern und Dichtkunst hatte, ließ Maud gewähren. Er liebte sie wirklich, und da sie bis auf die bewußte Angelegenheit keinerlei Probleme miteinander hatten, ja, er sie mittlerweile auch in Fragen der Regentschaft häufiger zu Rate zog und ihre sachlichen, immer von gesundem Menschenverstand zeugenden Vorschläge befolgte, gestand er ihr diese intellektuellen Vergnügungen herzlich gern zu.

Er hatte überdies bemerkt, daß seit Mauds Ankunft in Braunschweig der Umgangston seiner Untertanen erheblich feiner, die Manieren besser und überhaupt alles fröhlicher, freier und auch sauberer geworden war. Über ganz Braunschweig schwebte der "frische Hauch von Poitiers", wie sich ein fahrender Minnesänger einmal vernehmen ließ. Dies war sicher als großes Lob gemeint, und Heinrich nahm es als solches auch zu Kenntnis.

So ging die Zeit ins Land. Heinrich war auf dem Höhepunkt seiner Macht, Braunschweig wandelte sich unter dem sanften, aber steten und zielgerichteten Einfluß der Herzogin, die mittlerweile zur überragenden geistigen wie körperlichen Persönlichkeit in Braunschweig geworden war, zu einer echten Residenz, in der nicht nur regiert wurde, sondern auch Kunst und Kultur in einer bis dahin nicht erlebten Weise und für die deutschen Lande einzigartig erblühten.

Der Ruhm Braunschweigs verbreitete sich über ganz Europa, und alle waren's zufrieden. Selbst der Kämmerer Rainhard von Stade hob nur selten die Augenbrauen, wenn wieder einmal ein zusätzliches Fest gefeiert werden sollte, das auch zusätzliches Geld kosten würde. Denn die munteren Feste brachten auch viele Gäste hohen und niederen Standes in die Stadt, und des Kämmerers bester Freund, der einfluß- und sonst auch reiche Handelsherr Westermann wußte ihn zu überzeugen, daß dies nicht nur für das Ansehen der Stadt und des Herzogtums, sondern auch für die Kassen von Vorteil sei.

Heinrich also hätte der glücklichste Mensch auf Erden sein können, wenn da nicht der ihn ärgernde Erbvertrag des Kaisers mit seinem Onkel Welf zum Abschluß gekommen wäre, während er selbst in anderer, sehr privater Beziehung zu keinem Abschluß gelangte. An einem schönen Apriltage des Jahres 1170 machte sich Heinrich in Begleitung einer kleinen Schar Reisiger auf den Weg, um im Harz Wildschweine zu jagen. Von Maud, die mit Truchseß Jordan einen Sängerwettstreit vorbereitete, verabschiedete er sich höflich, aber kühl. Von einem Söller sah Maud dem Davonreitenden nachdenklich hinterher.

Doch dann galt es, das Programm mit Jordan weiterzubesprechen, der insgeheim hoffte, daß der Pfaffe Konrad, der mit Jordans Manuskripten vor geraumer Zeit Braunschweig in Richtung Regensburg und Munichen verlassen, aber eine baldige Rückkehr angekündigt hatte, noch vor dem Sängerwettstreit zurückkehren würde, auf daß er, Jordan, den Ruhm seines Rolandsliedes endlich ernten könnte. *Hinweis: Wir alle wissen, wie sehr Jordan von dieser Hoffnung getrogen wurde, und nur die Geheimberichte des Agenten Wernher zeugen davon, daß nicht der Pfaffe Konrad, sondern Truchseß Jordan der wahre Verfasser des Rolandsliedes war.*

Kaum hatte Maud ihre Besprechung mit Jordan beendet, als Zofe Marie aufgeregt in das Gemach ihrer Herrin stürzte. "Ihr glaubt nicht, wer heute angekommen ist, gerade zur rechten Zeit!" rief sie, alle Ehrerbietung vergessend, ihrer hohen Herrin zu. "Rede gefälligst!" fuhr Maud sie in einer bei ihr ungewöhnlich barschen Redeweise auf französisch an, beschlich sie doch eine Ahnung, die ihr Herzklopfen bereitete und ihr das Blut in die Wangen trieb. "Eilhard ist es, Eilhard von Oberg", flüsterte Marie mit leiser Stimme, was, wenn es denn galt, etwas geheimzuhalten, völlig überflüssig war, denn Herrin und Dienerin waren allein in dem Gemach. "So, ach ja, Eilhard von Oberg", flüsterte Maud ebenfalls und glich sich unbewußt der Lautstärke Maries an. Dann trat sie einige Schritte zurück und setzte sich langsam mit abwesendem Gesichtsausdruck in einen eigens für ihre Körpergröße angefertigten Lehnstuhl.

"Und ... ist er wieder hergestellt, gesund?" - "Oh vollkommen, Herrin, er ist kerngesund und sieht prächtig aus. Die Mägde rissen sich darum, als er in das Badehaus ging, ihm behilflich zu sein." Nach einer kurzen Pause fügte Marie hinzu: "Auch ich habe ihm geholfen." Sie blickte angelegentlich auf ihre Fußspitzen. "Welch ein Recke!" rief sie dann entzückt und händeringend aus, und ihr Blick fuhr an die Zimmerdecke, "welch eine eine Stimme - er sang im Bade - und was für ein Gewaffen!" - "Genug!" herrschte Maud sie an. "Was soll mir dies! ... Was will er denn hier?" - "Oh, er will Euch seine Aufwartung machen, hat wohl auch von dem Sängerwettstreit erfahren und möchte daran teilnehmen. Soll ich ihn holen?" - "Schweig", herrschte Maud sie mit hochrotem Kopf erneut an, "ich werde mir überlegen, ob ich ihn empfange. Du aber verschwinde. Ich will dich heute nicht mehr sehen! Schick mir zum Auskleiden Hroswitha!" Marie verließ das Zimmer ohne im geringsten betroffen zu sein, im Gegenteil, ein wissendes Lächeln huschte über ihr Gesicht, als sie leise die Tür hinter sich schloß ...

Volle drei Tage dauerte es, bis Maud Eilhard sah - drei Tage, während derer sie für ihre Bediensteten völlig ungenießbar war und selbst den guten Jordan, der sich keiner Schuld bewußt war, schroff abfertigte. Dann aber beugte Eilhard das Knie vor ihr, und Maud konnte kaum sprechen, als sie in seine verschwommenen blauen Augen blickte, die er, kurzsichtig wie er war, zusammenkniff, um besser zu sehen, was Maud allerdings als Musterung ihrer Person auffaßte und entsprechend verwirrte. Von oben herab erkundigte sie sich nach seinem Begehr und Befinden, wobei sie Mühe hatte, ihrer Stimme einen festen Klang zu geben.

Es sei ja erfreulich, daß er genesen sei und daß es ihm gut ergehe; welche Höfe er denn kennengelernt habe; was die Damen dort für Kleidung trügen, denn er habe ja wohl viele Damen auf seinen Reisen gesehen. Maud ließ sich ihren Ärger nicht anmerken, als Eilhard sich lächelnd nach dieser Frage - noch immer kniend - verbeugte und ihr beschied, daß er in der Tat viele Frauen, auch schöne Frauen gesehen habe, daß aber nicht eine an Liebreiz und Klugheit der Herzogin von Braunschweig gleichkomme, vor der zu knien er das unverdiente Glück habe.

Maud wandte sich abrupt von ihm weg und hieß ihn, sich zu erheben. Nach einer kleinen Weile des Schweigens fragte sie ihn, was er denn auf dem Sängerwettstreit, der an drei Tagen der kommenden Woche stattfinden solle, vorzutragen gedenke. Seit er, so antworte Eilhard mit seiner ausdrucksstarken Stimme, die Wonne gekostet habe, mit der Prinzessin von England Beilager und Schiffsplanken zu teilen, habe ihn eine wunderbare Geschichte von Tristrant und Ysalde nicht mehr losgelassen. Er gedenke sie in tiutscher Sprache vorzutragen und hoffe, damit Gnade vor den Ohren der herzoglichen Herrin zu finden. Mit einem knappen "Wir werden sehen", verabschiedete ihn Maud nun sehr rasch, denn sie fürchtete des Gefühlsansturms, der sie nach den Worten Eilhards aufwühlte, nicht mehr Herrin werden zu können. Konnte, durfte sie ihm noch einmal begegnen, ihm dessen Gestalt und Antlitz ihr so oft in lieblichen Träumen erschienen war?

Kapitul XI

Das Sängerfest

Pünktlich am Vorabend des Sängerwettstreites war Heinrich zurückgekehrt - in sehr aufgeräumter Stimmung, wie es schien. Die Tage in der frischen Harzluft schienen ihm gut getan zu haben. Der wahre Grund für seine blendende Laune war jedoch, daß ihm eine Einsiedlerin, auf deren Klause bei Herzberg man zufällig bei der Verfolgung einer stattlichen, außergewöhnlich hellen Hirschkuh gestoßen war, geweissagt hatte, daß er für die nahe Zukunft nichts zu besorgen habe. Er werde vielmehr eine große Reise antreten, die ihm zu Ruhm und Ehre gereichen werde. Über die fernere Zukunft konnte oder wollte die Klausnerin allerdings nichts wissen. Die wichtigste Mitteilung jedoch war für ihn die Prophezeiung, daß sein privates Eheglück nach einer kurzen Krise schließlich durch Kinder gesegnet würde.

Der hocherfreute Heinrich hatte sich nach diesem glückverheißenden Blick in die Zukunft spontan zu dem Versprechen hinreißen lassen, der Klausnerin neben ihrer Höhle eine Kapelle errichten zu lassen, zur Ehre Gottes und als Anerkennung für den wahrhaft gesegneten Lebenswandel der frommen Frau. Dann war die Jagdgesellschaft noch in Goslar eingekehrt, und Heinrich ließ einen Herrenabend für alle Reiter gleich welchen Standes ausrichten, wie seine Getreuen ihn seit Jahren nicht mehr erlebt hatten.

Am nächsten Tag war man ohne allzu viel Jagdbeute, aber mit leichtem Herzen und schwerem Kopf in Richtung Braunschweig aufgebrochen. Zu Thankwarderode begrüßte ihn seine Gemahlin, etwas zerstreut, wie es schien, und berichtete von den Vorbereitungen zum Fest, erwähnte auch beiläufig die Ankunft Eilhards von Oberg. Heinrich war diese Nachricht angenehm, denn er schätzte den treuen und schlagkräftigen Ritter sehr. Schon längst hätte er ihn zu größeren Aufgaben herangezogen, wenn jener nicht den fatalen Hang zu Gesang und Dichtkunst gehabt hätte, was ihn zwar bei den Frauen beliebt, für des Herzogs Pläne aber untauglich machte. Bei Sängern konnte man nie so recht wissen ...

Der folgende Tag war ausgefüllt mit Vorbereitungen für den großen Wettstreit. Der Abend war noch längst nicht hereingebrochen, als schon die Kerzen in der Halle brannten. Viele Gäste standen in Gruppen beisammen oder drängten sich auf den Bänken vor wohlgefüllten Zinnkrügen und dampfenden Platten voller Wildbret und Geflügel. Obwohl der Mai bald schon dem Juni weichen sollte, war es doch empfindlich kühl, und die krachenden Scheite im Kamin ließen eher an einen behaglichen Herbstabend denken als an den fruchtbringenden Monat Mai. Das Herzogspaar nahm auf den mit prachtvollen burgundischen Webereien bedeckten Thronsesseln Platz und ließ sich süße französische Weine aus Auxerre und Beaune schmecken.

Maud sah an diesem Abend besonders hinreißend aus, ganz in Weiß gewandet, mit einem zierlichen Goldreif im Haar war sie unbestritten nicht nur die geachtete und geliebte Herzogin, sondern auch die Fürstin dieses Festes. Mit geröteten Wangen nickte sie diesem und jenem freundlich zu, blieb im übrigen aber recht einsilbig. Auch der Herzog wirkte freundlich, aber in sich gekehrt. Er überblickte die drangvolle Enge der Halle und nahm sich vor, nun endlich den Bau des Palas in Angriff zu nehmen. Außerdem mußte er ständig an die Klausnerin denken; so erfreulich sich seine nahe Zukunft nach ihrer Weissagung auch gestalten sollte - warum hatte sie nichts über die späteren Jahre sagen wollen?

Ach was, hinweg mit diesen Hirngespinsten! Auf einen Wink des Herzogs erlosch das Durcheinander der Stimmen, die Gäste wichen auf Bänke an den Wänden und Sessel hinter dem Herzogspaar zurück, und Truchseß Jordan gab dem ersten Sänger das Zeichen, mit seinem Vortrag zu beginnen.

Ludolf von Wenden, ein mittelgroßer gedrungener Mann mit ernsten Gesichtszügen, etwa 35 Jahre alt, trat gemessenen Schrittes in die Mitte des Saales, verbeugte sich tief vor dem herzoglichen Paar, strich mit seinen fleischigen Fingern einige Male über die Harfe und sang dann mit sanftem, aber schwerem Baß:

> "Was ringt die Welt so sehr
> Nach Schein und Nichtigkeit?
> Kennt man doch ihres Glücks
> Unstete Flüchtigkeit.
> Siehe, so schnell zergeht
> Irdische Herrlichkeit
> Als ein Gefäß von Ton
> Voller Gebrechlichkeit.
>
> So hoher Fürsten Zahl,
> So vieler Zeiten Raum,
> So viel Gewaltige,
> Reiche, man zählt sie kaum,
> So viele Herrn der Welt:
> Alle der Herrschaft Traum,
> In einem Augenblick
> Schwindet er hin wie Schaum.
>
> Was sich verlieren läßt,
> Eigne sich keiner an:
> Die Welt nimmt ihr Geschenk
> Wieder von jedermann.
> Denk an das Bleibende,
> Herz, strebe himmelan,
> Selig ist in der Welt,
> Wer sie verachten kann."

Nachdem Ludolf seinen Vortrag beendet hatte, blieb es still in der Halle. Die auf Fröhlichkeit eingestellte Gesellschaft hatte sich etwas anderes erwartet. Nun war sie enttäuscht, ja empört, daß gleich der erste Sänger sie der Vergänglichkeit alles Irdischen gemahnte. Maud, die dem Vortrag kaum gefolgt war, sondern mit den Augen oft die Bewegungen eines bestimmten, alle überragenden Blondschopfes verfolgt hatte, bemerkte schließlich, daß ihr Gemahl, der doch sonst eher die derben und drastischen Lieder goutierte, aufmerksam gelauscht und nunmehr nachdenklich vor sich hinstarrte.

Nach einigen Minuten ließ Heinrich den Sänger zu sich kommen - eine seltene und große Ehre -, drückte ihm sein Wohlgefallen über den Vortrag aus und überreichte ihm ein prallgefülltes Säckchen, das er sich vom Kämmerer hatte reichen lassen, mit der Aufforderung, Ludolf möge ihm, dem Herzog, das Lied aufschreiben. Nach dieser Demonstration herzoglichen Wohlwollens verabschiedete die Gesellschaft Ludolf mit unehrlichem Beifall.

Der nächste Sänger, David von Bovenden, traf dann den Geschmack des Publikums schon wesentlich besser. Etwas aus den Nibelungen, vor allem die Szene, darin sich zwei Königinnen in die Haare geraten, konnte des allgemeinen Beifalls immer gewiß sein.

"So treffen sie zusammen nun vor dem Münster weit,
Da füllt des Hauses Herrin ein grimmer Haß und Neid,
Die edele Kriemhilde heißt sie dort stille stehn:
'Es soll v o r Königsweibe die Eigenholdin nimmer gehn!'

Da spricht die Frau Kriemhilde und zornig ist ihr Mut:
'O könntest du doch schweigen, das wäre wahrlich gut!
Du hast geschändet selber dir deinen schönen Leib:
Wie ward nur eine Kebse jemals mit Recht ein Königsweib!'

'Wen machst du hier zur Kebse?' so spricht des Königs
Weib.
'Nun , - dich!' entgegnet Kriemhild, 'denn deinen schönen
Leib
Hat Siegfried erst genossen, der ist mein lieber Mann:
Wohl war es nicht mein Bruder, der deine Jungfrauschaft
gewann!

Wo blieben deine Sinne? Verderblich war die List!
Wie ließest du ihn minnen, wenn er dir eigen ist?
Ich höre dich', sprach Kriemhild, 'ganz ohne Ursach klagen!'
'In Wahrheit', sprach Brunhilde, 'das will ich König Gun-
ther sagen!'"

Nach diesem Vortrag, der freilich noch viele weitere Verse
umfaßte, herrschte ausgesprochen fröhliche Stimmung im
Saal, auch das Herzogpaar war amüsiert. Der gute Wein, der
ständig nachgeschenkt wurde, tat ein übriges, so daß es bald
Zeit für eine Unterbrechung wurde. In der Pause trugen
Diener Frischgebratenes auf, und Jongleure und allerlei
Gaukler boten ihre Künste dar. Die Mehrzahl der Gäste
nutzte freilich die Unterbrechung zur Abwicklung drängen-
der Geschäfte am Burggraben. Nachdem sich alle wieder erleichtert und gestärkt hatten, kündigte Truchseß Jordan den
Höhepunkt des Abends an. Jeder wußte, daß damit Eilhard
von Oberg gemeint war, der schon seit Jahren in der Branche
kein Unbekannter war.

Ein allgemeines Durchatmen durchlief den Saal, die Damen
reckten die Oberkörper vor, während ihre Gesichter die für
Minnesänger vorgeschriebene Lieblichkeit zu verströmen
suchten. Nur Maud saß kerzengerade in ihrem Sessel, das
Antlitz wie versteinert und blaß.

Nach einer eleganten Verbeugung in Richtung des von ihm

nur undeutlich wahrgenommenen Herzogpaares griff Eilhard ohne weitere Vorreden in die Saiten seiner Laute, und als er zu singen anhub, erschauerten nur die wirklich alten, also über vierzigjährigen Damen der Gesellschaft nicht.

Es war ein wehmütiges Lied, das er vortrug, eine Mär von Liebe und Leid, Lust und Qual: Eilhard sang von der Leidenschaft des Königs Rivalin von Lohnois, die ihn über das Meer nach Kornwall treibt; er sang von König Markes Schwester Blanscheflur, die das Feuer der Leidenschaft zu hellen Flammen entfacht und mit Rivalin auf das Meer entflieht, wo sie stirbt bei der Geburt des Knaben Tristrant, der aus dem Leib der toten Mutter herausgeschnitten wird. Er sang von dem jungen Tristrant, der unerkannt zu seinem Onkel Marke zieht und den Riesen Morolt aus Irland tötet, der jedes Jahr Kinder als Tribut forderte.

Vom giftigen Speer des Morolt unheilbar verwundet, läßt sich Tristrant in einem steuerlosen Nachen auf das Meer treiben. Ein Sturm verschlägt ihn nach Irland, wo ihn die Nichte Morolts, die schöne Ysalde, die zauberisches Wissen besitzt, heilt, denn sie weiß nicht, daß er der Bezwinger des mächtigen Onkels ist.

Der geheilte Tristrant fährt nach Kornwall zu Marke zurück. Als jener ein langes, herrliches Frauenhaar findet und die Besitzerin der restlichen Haare zu seiner Frau machen will, schickt er Tristrant als Werber aus. Wieder verschlägt diesen ein Sturm an die Küste Irlands. Diesmal leidet das Land unter einem Drachen, der fürchterliche Verwüstungen anrichtet. Dem Bezwinger winkt als Lohn die Hand der Königstochter.

Der unter dem Pseudonym Tantris agierende Tristrant besiegt den Drachen und steckt sich als Trophäe dessen giftige Zunge in die Hose, was sich als fatal für seine Manneskraft erweist. Wieder errettet ihn Ysalde, die aber, als sie Tristrants Schwert reinigt, eine Scharte an der Spitze entdeckt. Aus Onkel Morolts Haupt hatte sie seinerzeit ein Stück Metall entfernt, das sich nun als fehlende Spitze aus Tristrants Schwert erweist. Sie zückt das Schwert gegen den im Bade sitzenden Tristrant, doch sie stößt nicht zu ...

Tristrant gibt sich nach der Versöhnung als Brautwerber des Königs Marke zu erkennen und beide begeben sich zu Schiff nach Kornwall. Die kluge Mutter Ysaldes hat noch einen Liebestrank für ihre Tochter zum Zwecke des Gebrauches in der Hochzeitsnacht gemixt. Braut und Brautwerber aber trinken diesen versehentlich in der Mittagshitze eines windstillen Tages auf dem dümpelnden Schiff ...

Mit einer tiefen Verbeugung beendete Eilhard, der, zwischen seinen Zuhörern umherwandelnd mehr als vier Stunden gesungen und die Laute geschlagen hatte, seinen Vortrag. Außer dem bereits einsetzenden Gesang einiger früh erwachter Vögel, der vom Hofe her hereindrang, war minutenlang kein Geräusch in der Halle zu hören. Je nach Temperament spiegelte sich das Gehörte in den Gesichtern, vor allem der Damen, wider. Einige saßen mit hochroten Köpfen, stumm in ihren Schoß starrend, wie abwesend da, so auch Maud. Andere aber trockneten ihr tränenfeuchtes Gesicht mit Tüchlein oder Kleiderärmeln.

Mit undurchdringlicher Miene erhob sich Heinrich, bot seiner Gemahlin den Arm, und beide verließen wortlos die Halle, wobei Heinrich en passant des niedergeknieten Eilhards Schulter mit einem sanften Druck berührte. Der erste Tag des Sängerwettstreites auf Burg Thankwarderode war vorüber, aber es stand bereits jetzt fest, wer zum Schluß die Krone des Siegers erhalten würde.

Das herzogliche Ehepaar war wort- und grußlos in seine getrennten Schlafgemächer gegangen. Gen Mittag wurde Maud von Truchseß Jordan darüber unterrichtet, daß Heinrich mit einer stattlichen Schar schwer bewaffneter Reisiger Braunschweig verlassen habe, um in Bremen, wo sich die Dinge zu seiner Zufriedenheit entwickelten, auch einmal persönlich und überraschend nach dem Rechten zu sehen. Die Herzogin möge nicht vor Mitte Juni mit seiner Rückkehr rechnen, und er wünsche ihr noch viele angenehme Vergnügungen auf dem Sängerfest.

KAPITUL XII

EILHARD VON OBERG

Maud nahm die Nachricht ohne Kommentar zu Kenntnis, denn sie ahnte, was den plötzlichen Aufbruch ihres Gemahls veranlaßt hatte, und ihr tat der so erfolgreiche, mächtige Mann leid. Das Sängerfest interessierte sie im Grunde nicht mehr, und als Marie in ihr Zimmer trat, um sie anzukleiden, war Maud froh, daß die immer muntere Kammerzofe sie mit ihren Klatsch- und Tratschgeschichten von ihrem Sinnen über das am Abend zuvor Gehörte und vor allem von dem ihr ständig gegenwärtigen Bild Eilhards ablenkte.

"Unser IM hat gestern im Garten einige Wurzeln entdeckt, die er seit Jahren erfolglos zu züchten suchte. Sie sehen eigenartig aus: daumendick, weiß und mit runden Köpfen." Marie kicherte. "Wernher meint, daß sie eine heilkräftige Wirkung hätten; er hat den Samen aus Verona erhalten, wo die Wurzeln von Reichen und Edlen auch als Speise sehr geschätzt werden. Wenn sie Euer Wohlgefallen finden, wird er sie für Euch vom Koch zubereiten lassen. Aber vielleicht mögt Ihr sie selbst einmal betrachten, sie sehen wirklich lustig aus." Marie kicherte wiederum. "Gut", entgegnete Maud, "der Gärtner soll sich bereithalten. Ich werde nach einer kleinen Weile in den Garten kommen." Vergnügt bat Marie um Erlaubnis, sich entfernen zu dürfen, und eilte dann hurtig aus dem Zimmer.

Am Nachmittag schritt Maud, in Begleitung Maries und von einer wohlwollenden Maisonne erwärmt, gemessen in den von einer mannshohen Mauer geschützten Küchengarten der Burg Thankwarderode. Mit Wohlgefallen betrachtete sie die gepflegten Beete und blühenden Büsche. Marie führte sie in einen abgelegenen Winkel des Gartens, der zu keiner Zeit des Tages im Schatten lag. Dort wies sie auf mehrere Reihen hoch aufgeschütteter Beete, aus denen weißlich-violette dicke Stengel obszön hervorragten. Maud schaute auf die Beete und errötete. "Wo ist nun dieser Gärtner?" fuhr sie Marie an, "ich hatte befohlen, er solle sich bereithalten!" - "Ich eile und hole ihn", verbeugte sich Marie und war wie ein Blitz verschwunden.

Wernher der Gärtner aber, der nahebei unter einem dichten Gebüsch kauerte, gab keinen Mucks von sich und beobachtete die Szene, die sich vor seinen Augen abspielte. Denn kaum war Marie enteilt, nahte Eilhard, in der Hand einige Maiglöckchen, kniete vor Maud nieder und legte ihr die Blumen zu Füßen. "Was ist Euer Begehr?" hauchte Maud erschrocken. "Ich erwartete den Gärtner." - "Herrin", sprach Eilhard, der sich auf einen Wink der Herzogin zu voller Größe aufrichtete und ihr mit verschwommenem Blick in die Augen sah, "ich muß mit Euch sprechen. Ihr scheint mich zu meiden, aber ich muß erfahren, welche Meinung Ihr von meinem Liede habt." - "Nun, es war recht ordentlich", erwiderte Maud, die sich gefaßt hatte, "und ich möchte wissen, zu welchem Ende die Geschichte kommt. Sucht mich am Tage nach dem Sängerfeste zur Abendstunde auf und bringt Euer Instrument mit, dann könnt Ihr mir den Schluß vorsingen."

"Oh Herrin, Ihr macht mich zum glücklichsten Menschen unter der Sonne!" rief Eilhard mit einer tiefen Verbeugung aus, "ich hoffe nur, daß Euch das Lied auch weiterhin gefallen wird, denn es endet traurig." - "Wir werden sehen", gab Maud zurück, "da wir nun aber einmal hier sind, laßt uns ein wenig lustwandeln. Berichtet mir von meiner Heimat, wo Ihr ja einige Monate verbracht habt und gut gepflegt worden seid, wie ich hoffe?" - "Oh ja", rief Eilhard entzückt aus, "bestens gepflegt, von Eurer königlichen Mutter höchstselbst!" und bereute den Satz in dem Moment, in dem er ihm unbedachterweise von den Lippen kam. Er blickte auf das

vor ihm liegende Beet, dessen Gewächse er aber wegen seiner
- Maud unbekannten - Kurzsichtigkeit nicht wahrnehmen
konnte.

"So, so", zischte Maud und wandte sich abrupt, Eilhards
Blick mißdeutend, von den Beeten ab, um gemächlich von
diesen in einen anderen Teil des Gartens zu schreiten. Eilhard folgte ihr mit dem gebührenden halben Schritt Ab-
stand. "Meine hohe Frau Mutter hat nun mal 'nen Hang zum
Sängerpersonal", murmelte Maud noch, und damit war ihr
Interesse am Hof von Poitiers erloschen. "Aus den Augen,
aus dem Sinn", fuhr sie fort. "Höfisches Wesen ist Euch ge-
läufig, Eilhard. Ihr saht wohl häufig minnigliche Frauen, die
älter und verständiger sind, als ich es bin?" - "Ach, beste
Herrin, was man so verständig nennt, ist oft nur Eitelkeit
und Kurzsinn. Habt Ihr denn auch ein Augenblickchen nur
an Eilhard gedacht?" - "Nun ja, bisweilen, wenn ich einsam
war." - "Ihr seid wohl viel allein?" - "Doch ja, unsere Wirtschaft ist sehr groß, der Herzog in Geschäften oft zu Pferd.
Gar sehr vermisse ich meine Brüder. Doch mehr von Euch:
Sagt g'rad, mein Herr, habt Ihr noch nichts gefunden? Hat
sich das Herz nicht irgendwo gebunden?" - "Nein, es war
nur eitel Spiel mit Frau Welt."

So durchkreuzten Maud und Eilhard plaudernd den Garten
verschiedene Male, ohne zu bemerken, daß Marie zurückgekehrt war und Wernher aufgespürt hatte. "Wo ist die Herzogin?" - "Ist den Gang dort aufgeflogen. Mutwillige Sommer-
vögel!" - "Sie scheint ihm gewogen." - "Und er ihr auch. Das
ist der Lauf der Welt."

Der Sängerwettstreit nahm seinen Fortgang ohne weitere
Höhepunkte, und es war keine Überraschung, daß Eilhard
als Sieger mit Birkenzweigen gekrönt wurde, die ihm Maud
mit gewaltsamer Regung ihres kleinen, straffen Busens auf
das Haupt legte. Bei dieser Zeremonie schaute sie ihm ein-

dringlich in die verschwommenen blauen Augen, um ihn an die abendliche Verabredung zu erinnern. Doch dieser Erinnerung hätte es nicht bedurft. Die Stunden bis zum Abend des nächsten Tages zogen sich für die Herzogin und den Minnesänger schier endlos in die Länge. Maud wechselte am Nachmittag halbstündlich die Kleider, bis sie sich für ein festliches Purpurgewand entschied, das sie ursprünglich für das bevorstehende Pfingstfest vorgesehen hatte.

Eilhards Stallknecht aber konnte sich seinem eigentlichen Geschäft während des ganzen Tages nicht widmen, denn er mußte das Haar seines Herren striegeln und bürsten und ihm auch bei dessen Stunden andauerndem Bad zur Hand gehen.

Den Gesetzen der Zeit entsprechend, die objektiv nach dem Lauf der Gestirne und dem Maß der Sanduhr auf dieser Erde doch im wesentlichen gleichförmig linear verläuft, sich für Herzogin und Sänger an diesem Nachmittage dagegen umgekehrt proportional verhielt, stellte sich der Abend auch an diesem Tage wie immer ein.

Sitzend auf einer von schweren kostbaren Decken drapierten Bank empfing Maud Eilhard, der von Marie in das von Kerzenschein erleuchtete Gemach geführt wurde. Nachdem Marie sich entfernt hatte, kniete Eilhard nieder, nestelte an seinem Wams und zog unter dem Hemd ein Stück Stoff hervor, das er auseinanderfaltete und Maud zu Füßen legte. Es war der Ärmel von Mauds Gewand, den sie dem verwundeten Eilhard nach der Seeschlacht auf dem Ärmelkanal als barmherzige Schwester überlassen hatte. Das säuberlich gewaschene Stück Leinen ließ große braune Flecke erkennen. Rückstände des Blutes eines tapferen Recken.

"Ihr habt mich errettet, Herrin", übertrieb Eilhard, "ich reiche Euch dieses Unterpfand zurück." Maud hieß ihn, sich zu erheben, nahm dann wortlos den Ärmel auf, strich wie zufällig sanft über den Stoff, den sie dann wieder sorgfältig faltete und in eine der zahlreichen Truhen, die an den Wänden standen, versenkte. Dann forderte sie Eilhard auf, einen Kelch Wein zu leeren, damit er so gestärkt vom weiteren Schicksal Tristrants und Ysaldes singe.

Hinweis: Über den weiteren Verlauf dieses Abends sind wir nur ungenügend unterrichtet. Mauds geheime Aufzeichnungen sind unvollständig. Der Vortrag Eilhards scheint beide aber tief ergriffen zu haben; Eilhard verwob offenbar, je weiter die Handlung fortschritt, immer mehr seine eigene Person mit der des Tristrant. Das "Ich" Tristrants wurde zum "Ich" Eilhards, die Herzogin aber wurde zu Ysalde.

Was dann geschah, können wir lediglich aus einem dürftigen Bericht Wernhers erahnen, dem es gelungen war, eine Beichte, die Maud einige Wochen später ihrem Hofkaplan ablegte, teilweise zu belauschen. Von Wernher wird lediglich angedeutet, daß Eilhard wohl die Pflicht gegenüber seinem Herzog höher stellte als die Neigung zur Herzogin (94).

Beim ersten Hahnenschrei verabschiedete Maud den Minnesänger mit den Worten: "Ihr hintergeht die Hoffnung, Eilhard! Unwillig sieht man den Genuß entfernt, den man so nah geglaubt." Eilhard von Oberg aber, stolz auf sich, daß er nicht ganz schwach geworden, wütend auf sich, daß er etwas zu stark geblieben, verließ am darauffolgenden Tage Braunschweig für immer; er sollte Maud, die er enttäuscht, und Heinrich, dem er treu geblieben, nie wiedersehen.

In Süddeutschland ritt er in den kommenden Jahren als Minnesänger von Erfolg zu Erfolg, bis er schließlich - seine Kurzsichtigkeit verschlimmerte sich stark - die Witwe Heinrichs von Veldeckes ehelichte, die ihm fünf Kinder gebar, ihn im übrigen aber in Ruhe ließ, so daß er sich ganz der Vollendung seines Versromans von Tristrant und Ysalde widmen konnte. Er diktierte ihn einem Mann, der sich Thomas von Lübeck nannte und ein entlaufener Mönch war. Eilhard gewährte ihm auf seinem Gut als Dank für seine Schreibertätigkeit Unterschlupf bis an sein Lebensende.

Kapitul XIII

Der Wendepunkt

Unterdessen hatte Heinrich seinen ursprünglichen Plan, "in Bremen nach dem Rechten zu sehen", aufgegeben. Eine tiefe Schwermut, noch immer ohne Sohn und Erben zu sein, war auf dem Ritt durch öd-neblige Gefilde an der Unterweser über ihn gekommen. Ständig hatte er, der Löwe, sich durch das ganze Reich sowie über dessen östliche Grenzen hinweg geprügelt, damit sein Erbe es einmal besser haben sollte und so mächtig würde, daß dieser sich nicht mehr im Reich zu prügeln brauchte, sondern sich mit der ganzen Welt prügeln konnte. Aber da es ihm zu einem Erben nicht kommen konnte, warum hätte er sich noch weiter prügeln sollen? Und da ihm nun das Schicksal das Sichprügeln vergällt hatte, war der schiere Lebensüberdruß über ihn gekommen. Auch hatten die verwichenen Ereignisse an seinem Braunschweiger Hof viel stärker in ihm nachgewirkt, als er es sich selbst eingestehen wollte, zumal ihm Mauds Gebaren Eilhard gegenüber endlich in seiner eigentlichen Bedeutung bewußt geworden war.

Nicht vröuden-spil, nicht girde, nicht un-triuwe (95) hatten Maud, so hatte Heinrich während des langen Rittes bei sich gedacht, wie er 1195 einmal seinem Secretarius und Vertrauten Gaerwyn von Hameln d. Ä. gestand, für Eilhards Minne empfänglich gemacht, sondern der ihr bisher unerfüllt gebliebene Wunsch, Mutter zu werden. Und was hatte er nicht alles unternommen, die Stockung bei sich, welche es unmöglich machte, die Gemahlin ihrer natürlichsten Bestimmung zuzuführen und so den Fortbestand der Dynastie zu sichern, endlich, endlich zu lösen.

So hatte er nach Cordoba das Heidengeld von 50 Mark Silber senden lassen, um sich von dort aus der Schrift "Für

Leute, welche nicht dazu in der Lage sind" des berühmten Arztes AT-TARIFI, den die Lateiner Medicus Abulcosis nannten, Rat für seinen Phall geben zu lassen. Der Rat, ins Lateinische übersetzt, war auf verschwiegenen Wegen zu Heinrich gelangt, und Heinrich las:

"Kaufe einen Hecht, wie man ihn bietet, trage ihn stillschweigend an ein fließend Wasser, laß ihn deinen Urin ins Maul laufen, wirf den Hecht ins fließende Wasser, und gehe du das Wasser hinauf, so wirst du mit deiner Frau in Zukunft dich freuen."

Hierdurch belehrt, stellte sich Heinrich der Löwe im Morgengrauen an den breiten Graben vor der Burg Thankwarderode hin, ließ sich aus dessen Wassern von dem berühmten Fischer Tödel von Melverode einen Hecht fangen, entließ danach augenblicks den Wunder-Angler und ... Nun, der Hecht, welcher zwar auf dem Trocknen nach Wasser schnappte, aber nicht nach dem abgeschlagen des Herzogs schnappen wollte, schnappte zu. Was wiederum Heinrich einige Blutergüsse an bestimmter Stelle einbrachte - aber keine Auflösung der Stockung.

Und Heinrich las:

"Ziehe einen Pfahl aus einem Zaun aus der Erden, lege dich auf den Boden, hänge dein Gemächt in das Loch, stehe wieder auf, stecke den Pfahl wieder darein, man vergesse des Gebets nicht."

Hierdurch gespornt, ließ Heinrich der Löwe bei Morgengrauen aus dem Palisadenzaun, welcher den Burggraben umgürtete, einen Pfahl aus der Erde bringen, scheuchte seine Mannen danach in ihr Quartier, setzte sich mit der blanken after-belle auf den Boden, hängte sein Gemächt in das Pfahlloch ... Nun, der Herzog holte sich darüber einen furchtbaren Rotz, der ihm wochenlang die Nase verstopfte. Auch drängte ihn hernach in einem fort die Blase. Allein, die Stockung, um deren Auflösung willen er dies erlitten hatte, wollte nicht weichen. Und angeregt, durch das Bild, was einige heimliche Zeugen von dieser Vorfälligkeit in die Welt setzten, führten hernach in Magdeburg, beim Bischof Wichmann, Spielleute und Possenreißer das Stück "Heinrich der Gakkaere oder das Ei von Braunschweig" auf.

Auf diese Art und Weise hatte der Herzog Heinrich wohl noch an die zwanzig Versuche unternommen, die Stockung zu lösen. Doch nichts wollte anschlagen.

Hinweis: Was Heinrich nicht wissen konnte, und was er und Maud erst viele Jahre später erfahren haben - der Gärtner Wernher, Agent des Bischofs Wichmann und des Kaisers, hatte alle Gewänder des Herzogs - besonders die "bruoch"-Tücher - nach einer Rezeptur des Gilbertus Anglicus präpariert:

"Wenn einer Sauerampfer-Samen bei sich trägt, welchen ein Knabe, so noch kein Weib erkannt, gesammelt, so kann er keinen Samen, zu keiner Zeit von sich lassen, ist deswegen ein nützlich Stück gegen die pollutiones." (96)

Gegen dieses Mittel hielt weder die Heilkunst des Mittelalters noch dessen Weiße Magie ein Antidot bereit.

Das einzige also, um das die Heilkunst AT-TARIFIs den Herzog Heinrich erleichtert hatte, waren 50 Mark Silber gewesen. Und die Weissagungen der frommen Einsiedlerin waren auch nicht in Erfüllung gegangen. Alles Glück der Welt schien Heinrich verlassen zu haben. Und er dachte bei sich: "Heinrich, mir graut's vor dir!" Und so war es dem Löwen kurz vor Bremen vorgekommen, als wäre er eigentlich nur

156

noch eine räudige Katze, die jedermann für das Ersäuftwerden dankbar zu sein hätte. Verbittert und mutlos ließ er halten und kehrtmachen. Versunken in tiefster Selbstverachtung, befahl Heinrich, den Rückweg über Honovere zu nehmen, in der Hoffnung, daß die "Leinelumpen" sich dort seiner annähmen und ihn ersäuften. Vor Honovere ließ er seine Mannen den Weg gen Braunschweig über Hildesheim nehmen. Er ritt allein weiter.

Da man in Honovere bemerkte, der Löwe nahe, floh man - eingedenk dessen letzten Wütens daselbst - sogleich mit feuchten Hosen und unter Schreckensrufen zu den tiefen Wäldern des Deisters hin. Und so ritt Herzog Heinrich in einen verlassenen, totenstillen Weiler ein. Unschlüssig verharrte er dort eine Weile. Schließlich wandte er sich der in den welfischen Landen allseits berüchtigten Schenke "Zum Schorse" zu. Hier hoffte er, seine Trübnuß auf immer ertränken zu können. In der von allen Wein-Geistern verlassenen Schenke setzte er sich auf eine roh gezimmerte Bank und leerte Stübchen um Stübchen "Kalenberger Wamme". Und da er dies mit so großem Ernste tat, setzte sich am dritten Tage seines Gelages der Sauf-Teufel an seine Seite und tat ihm hinfort tüchtig Bescheid.

Als der sechste Tag des Gebechers anbrach, da fiel der Sauf-Teufel von der Bank. Es lallte der Herzog Heinrich: "Was sind das nur für Zeiten, in denen selbst die Teufel schlapp machen?!" Und der Sauf-Teufel sprach: "Heinrich, mir graut's vor dir! Du hast es vermocht, selbst den Sauf-Teufel unter den Tisch zu trinken. Dafür hast du nun einen Wunsch frei!" Da standen dem harten Herzog plötzlich Tränen in den Augen. Allein, der Sauf-Teufel winkte ab und kündete ihm: "Heinrich, ich bin nur ein furchtbarer Gott, kein Fruchtbarkeitsgott. Aber wenn du vielleicht sonst ..." - "Nein", hub der Herzog da düster an, "nun nicht mehr. Auf dieser Welt habe ich keine Wünsche mehr ... Aber, wenn ich

nicht mehr meinen Mann stehen, ich meine, stehen tu ich ...
Also, dann will ich fallen wie ein Mann. Ich will nach
Hause. Nach Hause!"

"Dein Wunsch sei mir Befehl, mein Löwe!" sprach da der
Sauf-Teufel. Er verwandelte sich in einen gewaltigen Greif,
packte den Herzog beim Kragen und flog mit ihm im Nu gen
Braunschweig. Während des Fluges schrie Heinrich in einem
fort die aufgehende Sonne an: "Weck' Eilhard! Damit der
Bube bereit ist, wenn der Löwe kommt!"

Maud war am Morgen des Johannistages aus einem unruhi-
gen Schlaf hochgeschreckt. Wie sie in ihrer "Beichte"
schreibt, habe es vor dem Palas der Burg Thankwarderode
aufgebrüllt, als wäre der Bronze-Löwe in deren Hof plötzlich
Fleisch geworden und hätte zu toben begonnen. Aber da sie
an das Fenster der Kemenâte trat, erblickte sie im Burghof
kein Löwen, sondern DEN LÖWEN. Ihr herzoglicher Gemahl wütete mit gezogenem Schwert auf dem Hof herum:
"Eilhard komm heraus und stell' dich! Oder ich steche dich
Lotterbuben in den Pfühlen ab!"

Das Rasen des Herzogs war so schrecklich anzusehen und
anzuhören, daß niemand von seinem Hof es bisher gewagt
hatte, ihn sänftigen zu wollen. Da trat Maud, noch im
Hemde aus weißer Seide, vor den herzoglichen Gemahl.
Wirr hing ihm das verfilzte Haar ins Gesicht. Seine Augen
waren gelblich gefärbt und blutunterlaufen. Sein Gewand
war zerrissen und kotbesudelt. Und Heinrich mäufte, als
hatte er zehn Jahre im Augiasstall gelegen. Maud erinnerte
sich der Lehren ihrer hohen Frau Mutter, wie man die
"Heinis" in den Griff nehmen solle und sprach: "Eilhard,
mein Herr Heinrich, hat uns verlassen - und nimmer kehrt
er wieder!"

Da tobte der Herzog: "Dieser ehrvergeßne Wicht! Erst

minnt er mir das Weib - denn flieht er feig vorm Streit! Ha,
den faß ich noch - und gewaltig mach' ich ihn dann nieder!"

Doch Maud sprach hierauf mit fester Stimme: "Zum Streit
soll man nicht rufen, wenn man den Grund nicht sicher
weiß. Um Euch, Herr Heinrich, die Treue nicht zu brechen,
ist er von diesem Ort geflohn. Um Euch, Herr Heinrich, die
Treue zu bewahren, hieß ich ihn gehn! Mich dünkt, daß in
verletztem Stolze, Ihr dies vergeßt: was dem Manne Thron
und Krone, ist dem Weibe eine große Kinderschar. Allmäch-
tig ist der Wunsch im Weibe, er fordert -"

Da schluchzte der Herr Heinrich auf: "Hört auf! Ich bitt'
Euch ..." Er ließ das Schwert fallen und sank hernieder auf
die Knie. Und Maud hörte ihn murmeln: "Schluß mit der
Welt. Wir gehn ins Kloster. Und stiften all unser Gut. Ich
gehe nach Wöltingerode, Mathilde will ich nach Ganders-
heim geben!"

Maud, darüber schier verzweifelt und die kalten, dunklen
Zellen der "Schweigenden Weiber von Windsor" vor Augen,
wandte sich in Gedanken flehentlich an Valtrada. Und siehe,
gleich stand die Ahnin - von Heinrich ungesehen - neben
Maud und bedeutete ihr: "Reitet gemeinsam zur Einsiedlerin
Jette nach Düna! Heute ist Johannistag! Valtrada wird das
Ding schon in den Griff nehmen!" Dann bestrich sie Mauds
Lippen noch mit einer Salbe - und verging wie ein Hauch.

Schnell kniete sich Maud zu Heinrich. Herzte und koste ihn.
Und flüsterte ihm zu: "Was man ausgegeben, kehrt nim-
mermehr zurück. In meinem Herzen spricht nichts mehr für
diesen, der mit Geplärre und Getändel das versprach, was
ich so sehr entbehrte ... In meinem Herzen, Heini, soll von
nun an eine Liebe nur den Thron besitzen!" Und dann
machte Mauds Mund den Herzog Heinrich freudenhaft. Und
dann brachte ihm ihr Kuß eine - seltsame - neue Kraft. Und

dann flüsterte Maud ihrem Gemahl ins Ohr: "Heini, ich habe heute nacht einen Traum gehabt, der mir eine wunderbare Zukunft für uns und unser Geschlecht geweissagt hat. Der Traum hat mir bedeutet, daß wir heute nacht zur Einsiedlerin Jette, der frommen Frau zu Düna, reiten müssen. Und alles, alles wird gut! Hörst du, Heini?"

Und der Heini sagte: "Ja!" und fiel selig in einen tiefen Schlummer.

Maud hat an jenem Johannistag des Jahres 1171, als ihr herzoglicher Gemahl einer erquickenden Ruhe pflegte, die alte Schaffnersfrau Irmentruth über die Bedeutung und das Wundersame dieses Tages befragt. Hatte man ihr nicht - als kleinem Mädchen - in England einst erzählt, am Johannistag zögen die Geister derer, die im nächsten Jahr des Todes seien, um Mitternacht in die Kirchen? Irmentruth unterrichtete nun Maud darüber, was die sächsischen Bauern von und über diesen Tag glaubten. Daß er immer etwas Neues, Frisches, Kräftiges bringe - und: "Johanni dreiht sich jedes Blatt an'n Boom." Dieser Tag, so schloß Maud, mußte also in den sächsischen Landen der Wendepunkt von Jahr und Welt sein.

Nachdem Maud ihren herzoglichen Gemahl aufs zärtlichste geweckt hatte, ließ sie ihm ein Bad aus Rosenblüten und Spezereien bereiten, das dem Herzog den Sauf- und Schenkenmäuf abwusch. Denn, was sollte Valtrada von ihrem ê-karl sonst für einen Eindruck gewinnen? Nach dem Bad legte Herzog Heinrich die Maskerade eines armen fahrenden Ritters an, Maud schlüpfte in ein altes Pagengewand. Dabei fand Herzog Heinrich, Hosen betonten die süße after-belle seiner Gemahlin so aufregend, daß er ihr bedeutete, sie solle dergleichen - in der Kemenâte, versteht sich! - ruhig öfter tragen.

Durch Haudrauf von Glokkow ließ Maud zwei Rosse, die gute Renner waren, heimlich vor die Tore der Stadt Braunschweig bringen. Dann entwichen Maud und Heinrich durch eine kleine, versteckte Pforte unerkannt aus der Burg Thankwarderode. Das herzogliche Paar bestieg die von Haudrauf bereitgehaltenen Rosse. Und Maud und Heinrich stoben auf ihnen davon. Nach Düna. Zur Einsiedlerin Jette. In die Johannisnacht.

Die weit ausgreifenden Hufe der Renner warfen das Land nur so hinter sich. Heinrich gab seiner Gemahlin manch anerkennendes Wort darüber zu hören, wie kühn und männlich sie zu Pferde sitze. Und Maud dachte bei sich: "Wenn das Ritter Ivanhoe hören könnte ... Aber ich habe ja auch mit meinem Bruder Richard immer fleißig und heimlich geübt ..."

Als sie die Dörfer und Weiler des Vorharzlandes durchzogen, sahen Maud und Heinrich viele Bauern, die blumenbekränztes Vieh von den Weiden trieben und Johannisbäume aufrichteten. Viel junges Volk führte in Heischegängen einen "Laubmann" umher. Züchtig bekleidete Weiber badeten in Teichen und Bächen. Dabei tauchten sie immer wieder aus Blumen, Stroh und Zweigen geflochtene Puppen ins Wasser, um, wie Heinrich Maud die Vorfälligkeit aufhellte, Regen für das nächste Jahr heraufzubeschwören.

Bei Anbruch der Nacht langten der "fahrende Ritter" und sein "Page" in Düna an. Dort sahen sie auf einem Kreuzweg ein Feuer aus vielerlei Holz brennen. Blumenkränze waren über den Türen der Gehöfte des Dorfes angebracht. Man hatte auf Wände Kreuze gemalt. Just war man dabei, Türen und Luken der Häuser zu verrammeln und Ritzen mit Lumpen und Stroh zu verstopfen. In einem fort knallten Peitschen.

(Cousin Harro hatte mir erläutert, daß die Bewohner des Dorfes Düna dies alles veranstalteten, um Hexen und Dämonen fernzu-

halten, die in der Johannisnacht ihr Unwesen trieben sowie Feste und Orgien zelebrierten.) Vergebens riefen Bauern dem Herzog Heinrich nach, er möge um seines Seelenheiles willen nicht weiter in die Nacht hinausreiten. Der Seibeiuns treibe heute nacht in den Stürzen, Schlufen und Höhlen des Hainholzes sein Spiel. Aber der "fahrende Ritter" lachte darüber nur schallend und beschied sie: "Ein Ritter fürchtet weder Tod noch Teufel!" Da rief ein Bauer aus einem Versteck heraus: "Die Ritter sind des Bauern Tod und Teufel!"

Vor dem Hainholz sahen Maud und Heinrich einen ungeheuer großen Krebs über die Felder fliegen. Wo er sich flüchtig niederließ, stank es augenblicks nach Pestilenz und Schwefel. Was dort am Boden wuchs, dorrte sogleich und sank welk nieder. Und auf einem Bock ritt der Bilwerschneider, so nannte Heinrich ihn, über die Felder einher und sammelte den Hafer für die Pferde des Teufels ein. Allein, Maud gruselte es nicht, den sie wußte, daß es zu Valtrada gehe. Und Heinrich munterte sie immer auf: "Immer man vorwärts, zu einer frommen Frau, da hat das Böse keine Heimstatt!"

So ritten sie in das Hainholz ein, folgten einem morastigen Holhlweg, der sie in einen Talkessel führte, in dessen linker Kesselwand, etwa 20 Schritt über der Talsohle, eine mannshohe Höhlung in der Form eines Mundes deutlich sichtbar wurde. Von Zeit zu Zeit leuchteten darin Blitze, Flammenschein und ein eigentümliches Glühen auf.

Herzog Heinrich zögerte: "Das ist die Höhle der frommen Klausnerin, die ich fand, da ich die Hindin jagte. Es ist die Klause wohl, darin die fromme Frau mir weissagte ... aber ..." Maud beschied ihren Gemahl, daß es kein "Aber" gebe und hieß ihn, die Pferde anzubinden. Mühsam erkletterten sie den rutschigen Aufstieg zur Höhle. Als Heinrich an ihrem Einstieg eine mitgebrachte Fackel anzünden wollte,

162

ward die Höhle plötzlich beleuchtet, als ob tausend Kerzen in ihr abgebrannt würden. Maud und Heinrich stiegen die lange Eingangshalle hinab. Überall glitzerte, blinkte und funkelte es aus und in den Höhlenwänden. Und aus dem Boden wuchsen Hunderte von Eisgewächsen in jener seltsamen Form, die Maud in den Neuanpflanzungen des Gärtners Wernher gesehen hatte.

Der Löwe betrachtete belustigt das aus dem Boden wachsende Spalier und rief: "Hol's der Teufel! Wenn diese Klausnerin hier eine fromme Frau -" Da stand Valtrada auf einmal vor ihnen, gewandet in funkelnde Pracht, und begrüßte sie. "Seid willkommen, Herzog Heinrich, den man den Löwen nennt - und dem's im Schweife klemmt! Fromm ist man hier schon, allein Gott Priap wird hier angebetet. Auch du, kleiner Sproß meines Stammes, sei willkommen!"

Da fuhr Herzog Heinrich auf: "Die Jette seid Ihr - und Ihr seid es nicht! Ihr seid ... Teufelsbrut!" Und er wollte das Schwert ziehen. Doch Valtrada blickte Heinrich zauberisch in die Augen, faßte ihn am gimpel-gempel und sprach zu ihm: "Das, was ich hier habe, wollten wir doch vom Leder ziehen, nicht wahr? Deswegen bist du doch gekommen - oder?" Und auf einen Wink Valtradas umtanzten auf einmal zwölf sündhaft schöne Weiber den Herzog und gurrten und girrten:

> "Wir kosen, wir Losen!
> Wir schlecken und necken,
> Das Blut wird dir tosen,
> Der Gempel sich recken!"

"Ihr rührt mir meinen Heinrich nicht an! Sonst -" raste da Maud aufgebracht und über die Maßen von Eifersucht und Eitelkeit erfüllt. "Aber, aber, meine kleine Französin. Erst ein paar Jahre in tiutschen Landen - und schon so kiusche

(97)? Na gut, dann eben auf altsächsische Art!" belustigte sich Valtrada. Auf ein Zeichen von ihr ging der Zug der Sünden-Weiber in Rauch auf. Heinrich, der sich an ihnen nicht hatte satt sehen können, äußerte enttäuscht: "Wie, soll mir denn die süße Medizin nicht werden?"

Alsdann führte Valtrada Maud und Heinrich in einen weiteren Saal der Höhle, zur Rhume-Grotte hin. Dort hieß sie Heinrich, sich seiner Kleider zu ledigen und schlug ihn mit in Natterharn getauchten Nesseln an die Lenden. "Aua, Aua!" schrie Heinrich auf. "Das mit den Weibern eben wäre aber -" Ein nichtender Blick Mauds ließ ihn schweigen. Hernach hieß Valtrada das herzogliche Paar, sich in den grünblauen Wassern der Grotte zu baden.

Schließlich führte Valtrada den Herzog und die Herzogin in einen Dom, der rechts von der Grotte lag. Dort war auf einem kleinen zugefrorenen See, der wie Kristall glänzte, ein großes Bett aufgeschlagen, das über und über mit Rosenblüten bestreut war. Valtrada hieß das herzogliche Paar, sich auf diesem Rosenopfer niederzulegen und bestrich Maud und Heinrich mit einer graugrünen Salbe Brust, Schenkel und Stirn.

Kaum hatte Valtrada dies unternommen, schwebten Maud und Heinrich zu den Sternen hoch, umflogen den Mond, stürzten zur Erde nieder, daß sie vor Lust und Todesangst aufschrien und fanden sich schließlich auf einer von Schmetterlingen umgaukelten Blumenwiese in den Wäldern von Woodstock wieder. Hier neckten und haschten sich beide, trieben viel vröuden-spil, sanken schließlich auf ein plötzlich bereitetes Lager aus mit Adlerdaunen gefüllten Seidenkissen nieder und - wie es Eilhard von Oberg in einer Primär-Version seines "Tristrant" schildert:

164

"Dass er die Maud, sein Weib,
An seinen halb erstorbenen Leib
Gar minniglich und nahe zwang.
Darnach so währte es garnicht lang,
Bis dass ihr Beider Wille erging
Und das viel süsse Weib empfing
Ein Kind von seinem Leibe."

Als Maud und Heinrich aus einem tiefen, seligen Schlummer anderentags erwachten, fanden sie sich in der Burg Thankwarderode wieder. Sie herzten einander und küßten sich hunderttausend Stund in einer kleinen Stunden. Der Bann über Heinrich den Löwen war gebrochen. Seine Stockung war gelöst. Doch bald schon sollten sich Mauds und Heinrichs Herzen neuen, schweren Prüfungen ausgesetzt sehen.

An- und Bemerkungen
(von stud. phil. Egberth von Atha)

1 *Juliette:* Anspielung auf die Werke des Marquis de Sade "Justine oder Das Unglück der Tugend" und "Juliette oder Das Glück des Lasters".

2 *Olifant:* (Signal-) Horn; Name des Horns Rolands in der Karlssage.

3 *effetuoso (ital.):* mit Wirkung, mit Schmackes.

4 *Gelnhäuser Urkunde:* schildert regestartig den Prozeßverlauf gegen Heinrich den Löwen auf dem Reichstag zu Gelnhausen im April 1180. (Lit.-Hinweis: Fuhrmann, Horst "Einladung ins Mittelalter", 1987, S. 107.)

5 Eine Runde im Machtkampf um die Vorherrschaft in Deutschland. Hier Preußen gegen Hannover und andere. Preußen hatte 1830 den "unberechenbaren" Herzog Karl I. von Braunschweig-Lüneburg stürzen lassen und dessen "vernünftigen" Bruder auf den Thron des Herzogtums Braunschweig-Wolfenbüttel gebracht. Im "Geheimen Herzoglichen Archiv" fanden die preußischen Agenten Hinweise auf die Bildung einer Achse "Hannover-Braunschweig-München-Wien", die gegen Preußen gerichtet war.

6 *Bekenntnisse abgefaßt hat:* dies wird seine Erklärung im zweiten Teil von Mauds Beichte" finden.

7 *gebrochen worden wäre:* im ersten Teil von "Mauds Beichte" unter anderem durch die Anschläge des Gärtners Wernher auf die Lenden Heinrichs des Löwen.

8 Zu deutsch etwa: König Heinrich in Woodstock. Erz-

bischof Becket versucht, beim König eine Audienz zu erlangen, aber da sie ihm verweigert wird, kehrt er nach Canterbury zurück. Der König geht beizen.

9 Richard FitzNigel hat mit seinem Werk "Dialogus de saccario" (Dialog über das Schatzamt) Zeitgenossen und Nachfolgenden die verständigste Unterrichtung hinterlassen, wie trotz geringster steuerlicher Bedrückung des gemeinen Mannes ein wohlgeordnetes Staatswesen sowie ein ausgeglichener Staatshaushalt zu erreichen sei. Leider hat von Henry II. FitzEmpress bis Theo Waigel niemand es für nötig erachtet, gehörig die Nase in dieses Buch zu stecken.

10 *der Alte vom Berge:* war einst die Mutter allen Abschlachtens. Drogenhändler und Top-Terrorist. Boß von 60000 stets bekifften Killern (Assassinen).

11 *Kemenâten und Gaden:* nicht das, sondern d i e Frauenzimmer.

12 Wie der geneigte Leser sieht: nicht erst seit Charly Windsor & Di steht der englische Hof in einem We-are-not-amused-Verhältnis zur Presse. Barbarossa ließ sich die "Map-Mappen", seine Lieblingslektüre?, sogleich nach ihrem Erscheinen (Schreibstube: Paris) von einer Stafette nach Gelnhausen oder Goslar bringen. Heinrich dem Löwen war indes der Preis von 1 Mark Silber pro "Map-Mappe" zu hoch. (Vergleich: Das einfache Pferd Walthers von der Vogelweide, welches ihm Anno 1210 vom üblen Herrn Azze erschlagen wurde, hatte einen Wert von 3 Mark Silber.) "Das bißchen kurz-wîlle machen wir uns selbst!" verkündete Herzog Heinrich immer (bis 1168), wenn der Bote Walters zu Dankwarderode anklopfte. Sprach's und ließ von seinen Hofnarren zum hundertsten Male die Posse "Der Kaiser mit der

halben Birn aufführen".

13 Peter de Blois, Brief 14, Patrologia Latina, CCVII, 48-9. Aber will der geneigte Leser wirklich eine so genaue Zitierung?

14 *Meisterinne, (mhd.) meisterinne:* Kinderfräulein, Erzieherin, Gouvernannte.

15 *Sir Wanfred Ivanhoe:* Vater des Wilfrid Ivanhoe. Wilfrid Ivanhoe war einer der Zech- und Bordellkumpane Richard Löwenherz' in allen Kaschemmen von Jerusalem bis Jerichow; nachheriger Erzieher von Heinrichs und Mathildens Sohn Otto (Otto IV., deutscher Kaiser ab 1209). Sir Walter Scott hat in seinem Roman "Ivanhoe" das historisch wahre Bild Wilfrid Ivanhoes romantisch gehöht und unterhaltungsliterarisch verzeichnet.

16 *Thronfolger:* Prinz Heinrich alias Henry the Younger.

17 *Harfenplärrer:* so geruhte Henry II. FitzEmpress die Troubadoure zu nennen.

18 *geiferte die hohe Frau:* laut Walter Map folgte noch weiter: "Wenn ihr Maud zu diesem verfickten Hurensohn und seiner Metze nach Woodstock bringt, werde ich euch Feuer unter dem Arsch zu machen wissen, daß euch dereinst die Lohen der Hölle wie Eiswasser scheinen werden!"

19 Eleanor hat 1173 ihren "Rosenkrieg" gegen ihren königlichen Gemahl damit eröffnet, daß sie an ihrem Hof in Poitiers den Schwank des von ihr gedungenen Satirikers Giraud de Barri, die "Unreine Rose" (Rose Immonde), aufführen ließ. In jenem Schwank wird König

Henry II. FitzEmpress als tumbe Drohne karikiert, die im klebrigen Nektar einer Rosenblüte einen grotesken Tod findet.

20 *einzwagen (mhd.):* Einspänner.

21 König Heinrich und seine Gemahlin Eleanor, Königin Englands und Erbherzogin von Aquitanien, waren Franzosen! Maud ist zumeist an den Höfen ihrer Mutter in Aquitanien aufgewachsen. Dort und an den französischen Höfen König Heinrichs galt Angel-Sächsisch als Eingeborenenpatois oder Pöbelgrunz. Im englischen Reich König Heinrichs sprach der Kleriker Latein, der Adelige Französisch.

22 Erzbischof Becket und viele andere Zeitgenossen König Heinrichs nannten den Plantagenet insgeheim "Heinrich-dem-man-nicht-Traut".

23 Henry II. FitzEmpress hat nie eine feste Residenz errichtet oder bezogen. Um sein englisches Königreich und um seine umfangreichen Lehen und Besitztümer in Frankreich überhaupt beherrschen und verwalten zu können, mußte König Heinrich mit seinem Hof in England oder Frankreich ständig von einem seiner Schlösser zum nächsten ziehen. Die deutschen Kaiser des Mittelalters hatten eine vergleichbare Art des Regierens, indem sie von Pfalz zu Pfalz zogen.

24 Der englische König handelte hier auf alt-braunschweigische Art: "Gleich einen an den Hals. Wenn du nicht weißt, warum - die anderen werden es schon wissen!"

25 *Liebesgerichte:* galantes Gesellschaftsspiel des 12. Jahrhunderts.

26 *after-belle (mhd.):* Gesäßbacken.

27 *kotzen-schalcs und puliâns (mhd.):* Hurenknechte und Kuppler.

28 *die gemehte böhmisch machen:* gemeint ist, was im Reich des Boleslaw geschah. Thietmar von Merseburg dazu: "Wenn einer unter ihnen sich erfrechte, fremde Ehefrauen zu mißbrauchen oder Hurerei zu treiben, so mußte er sofort folgende Strafe erdulden. Er wurde auf die Marktbrücke geführt und ihm durch die Hoden ein Nagel geschlagen; dann legte man ein Schermesser neben ihn hin und ließ ihm die harte Wahl, dort auf dem Platze sich zu verbluten oder sich durch Entmannung selbst zu befreien." (Geschichtsschreiber der deutschen Vorzeit, XXXIX, Die Chronik des Thietmar von Merseburg.)

29 *girde (mhd.):* Begierde, Verlangen.

30 *naht-gewant (mhd.):* Nachtgewand.

31 *Bracken, (mhd.) bracke:* Spür- und Spielhunde.

32 *Schüsseln:* gemeint sind drei Gänge.

33 *cotter, (mhd.) koter:* Häusler, ärmste Klasse der Bauern.

34 *kuttener (mhd.):* Kuttenträger, Mönch.

35 *Harm-Krüge:* Tonkrüge besonderer Form, "Luller-Flasche".

36 *hoch-gezît (mhd.):* höchste Freude, Vermählungsfeier, Beilager.

37 *Brünne, (mhd.) brünne, brünje:* bis zu den Knien rei-

170

chendes Kettenhemd.

38 Wenn die Lage es erforderte, so bei ihrer Flucht vor ihrem ersten Gemahl (Ludwig VII., König von Frankreich), ritt Königin Eleanor selbst "wie ein Mann" - und wie der Teufel!

39 *kaiserliche Großmutter:* Mathilde (1102 - 1167), die Tochter des englischen Königs Henry I. Beauclerc, war in erster Ehe mit dem deutschen Kaiser Heinrich V. verheiratet. Nach dessen Tod ging sie eine zweite Ehe mit Gottfried V. von Anjou (Plantagenet) ein. Dieser Verbindung entsproß Mauds Vater, Henry II. FitzEmpress.

40 Den Jagdgesellschaften des Königs folgten für gewöhnlich Reiter, die Münzen unter das Volk warfen, sofern es beim Vorüberreiten Henrys II. FitzEmpress "untertänigst" jubiliert hatte.

41 *wunnec-lîche (mhd.):* wonniglich, erregend.

42 *harm-brunne (mhd.):* Urin, Pipi.

43 *tschavaliers (mhd./Lehnwort aus dem Französischen):* Kavaliere.

44 *schamec die giez (mhd.):* verschämt Pipi machen.

45 *des ... versihe ich mich (mhd.):* das habe ich wirklich (verläßlich) erlebt (gesehen), wahrhaftig, das weiß ich genau.

46 *Harpyie (gr.):* schrecklicher Greifvogel mit Frauenkopf; böser weiblicher Dämon in der griechischen Mythologie.

47 *aquitanischer Stall:* gemeint sind die Erbherrschaften Kö-

nigin Eleanors in Frankreich, u. a. Poitou, Aquitanien, Gascogne; diese Erbherrschaften waren französische Lehen und wären bei einem Tode Eleanors und ihrer Kinder unter Umständen wieder an den französischen König gefallen.

48 *Glucken-Sack:* altes Bauernverfahren, eine Henne, die brutbrünstig ist, der es aber am Hahn mangelt und die darüber aggressiv wird, durch Einsperren in einem dunklen Sack wieder zu "beruhigen".

49 *30000 Pfund:* eine ungeheure Summe; die Einkünfte des englischen Königs aus einem Steuer- und Verwaltungsbezirk (Shire; Oberster: Sheriff), zum Beispiel Kent oder Essex, lagen unter 500 Pfund im Jahr.

50 *zouberaerinne (mhd.):* Zauberrin.

51 *Haus Anjou:* Fulko (I.) der Rote, ein Enkel Tortulfs (genannt "Waldmensch"), nahm ein Weib zur Gemahlin, das den Anjous die Herrschaften und Besitztümer Loches, Villentras und Haye brachte. Diese reiche Mitgift begründete den Aufstieg des Hauses Anjou, das zeitweilig mächtiger gewesen ist als der französische König. Die Gemahlin Fulkos soll die schönste - und gefährlichste Frau ihrer Zeit gewesen sein. Einem Herrscher hat eine solche Verbindung von Körper und Charakter immer viele Seiten in den Geschichtsbüchern eingebracht. Man nehme nur Gottfried V. von Anjou, genannt "der Schöne", als Beispiel (Vater von Henry II. FitzEmpress). Einer Frau wie Fulkos Gemahlin brachte dies meistens nur Nachrede. So wird zum Beispiel bis in die Gegenwart kolportiert, Fulkos Gemahlin habe sich immer geweigert, die Messe zu besuchen. Als Fulko sie von seinen Mannen in den Gottesdienst habe schaffen lassen, sei sie unter Pech- und Schwefelgestank - unmittelbar vor

Erteilung des Segens - aus einem Kirchenfenster entfahren. Fulkos Mannen hätten nur noch ihren Mantel in den Händen gehalten. Wie bereits geschrieben: der Name von Fulkos Gemahlin war - Valtrada.

52 Man könnte dem entnehmen - und das wäre höchst beunruhigend! -, Geister vermöchten nicht in die Zukunft zu sehen. Das Auge des Herrn kann niemals mit Wohlgefallen auf - na, wen nehmen wir denn mal? - dem "Hexenbrenner" Heinrich Julius oder dem "Menschenhändler" Carl Wilhelm Ferdinand geruht haben. Indes, Valtrada hat mit ihrer Weissagung - aus höchst eigennützigen Zwecken, die im zweiten Teil von "Mauds Beichte" aufgedeckt werden - der kleinen Maud etwas "eingeblasen".

53 *maerelîn (mhd.):* Geschichtchen, Märchen, Erfundenes.

54 *top dop (mhd.):* Blödmann, geistige Null, Vor-den-Schrank-Gelaufener.

55 *Erz-Schismatiker:* Erzbischof Rainald von Dassel, Kanzler Friedrichs I., war die treibende Kraft hinter der Kirchenpolitik seines Kaisers. Friedrich I. ließ gegen Papst Alexander III., der u. a. vom englischen Episkopat unter Thomas à Becket unterstützt wurde, Gegenpäpste wählen. Insofern ist die Anrede "Oberspalter" nicht ganz abwegig gewesen.

56 *Friedenskuß:* im Mittelalter eine rituelle Begrüßung; seine Verweigerung galt als äußerst schwere Beleidigung eines Gastes.

57 *500 Mark Silber:* dafür bekam man seinerzeit in den deutschen Landen schon eine Herrschaft - mit Burgen und allem.

58 *ê-karl (mhd.):* Ehemann.

59 *karle (mhd.):* Mann, Ehemann, Geliebter, Lover.

60 *erkiest:* erwählt.

61 *glänzendster Hof der Welt:* warum Königin Eleanor so dick aufträgt, um ihrer Tochter Lust auf Heinrich den Löwen als brût-degen (mhd.: Gemahl) zu machen, wird im zweiten Teil von "Mauds Beichte" aufgedeckt.

62 *wie dein Vater:* viele Mädchen eines bestimmten Alters wollen ja angeblich (Freud laß nach!) einen Mann wie "Papi" heiraten; Königin Eleanor meint, das ausnutzen zu können.

63 *große Halle:* sie überdeckte eine Fläche von ca. 1500 qm und dürfte zu ihrer Zeit einzigartig gewesen sein.

64 *drüzzel (mhd.):* Rüssel, Schnauze.

65 *geschenzelt (mhd.):* beschimpft, mit Schande belegt.

66 *confoederatio (mlat.):* Verbindung, Bündnis, Ehebund.

67 *Geschenk:* viele zeitgenössische Berichte (vgl. u. a. Chron. Slaw. Leibnitz vol. ii., p. 626) sprechen davon, daß die kaiserlichen Gesandten dem englischen König kostbare gold- und silberfadendurchwirkte Stoffe als Geschenk präsentierten. Dank Map & Maud wissen wir nun, daß es ein kostbares "Stöffchen" war, das am englischen Hof präsentiert worden ist oder vielmehr präsentiert werden sollte.

68 *Schapel, (mhd.) schapél:* Kranz (als Kopfschmuck).

69 *bizzareries (mhd./franz.):* Seltsamkeiten, Wunderlich-
keiten; gemeint sind Prunkärmel, hautenge Kleidung etc.

70 Es fehlte der herzogliche Zeremonienmeister Haldar de
Tanzere. Haldar hatte auf der Überfahrt nach England
versucht, den Gesandten Heinrichs des Löwen einen "gemessenen höfischen Schritt" beizubringen. Allein, seinen
Unterweisungen war kein Erfolg beschieden. In einem
fort "verstolperten" sich die Gesandten oder fielen mit
verknoteten Beinen aufs Schiffsdeck. Als Haldar sie
darob schalt und fragte, ob sie denn alle aus Ochsendorf
kämen, warfen ihn Jordan von Brake und Haudrauf von
Glokkow kurzerhand über Bord.

71 *quât (mhd.):* Kot.

72 *narre-werc (mhd.):* Narrengeschäft.

73 Mehr über Geyler kann der geneigte Leser noch in Ka-
pitul 7 erfahren.

74 Geyler war als Pferdezüchter so erfolgreich, wie das Heilige Römische Reich Deutscher Nation heilig und rö-
misch war.

75 *geberunge (mhd.):* Hervorbringung, das Gebären - hier:
gebärfreudig.

76 Da die Exzerpte, welche Harro Baron Atha aus den
"Map-Rolls" gezogen hatte, die in den Berichten Maps
enthaltenen Beschreibungen von Kleidung und Mode
manchmal nur stichwortartig wiedergeben, hat Gräfin
Atha hier - um dem geneigten Leser eine möglichst um-
fassende Schilderung zu geben - einige dieser Stichworte
mit Darstellungen aus der neuesten Forschungsliteratur
ergänzt. (Lit.-Hinweis: Brügge, Elke "Kleidung und

Mode in der höfischen Epik des 12. und 13. Jahrhunderts", Heidelberg 1989.)

77 *"iustum pretium"* *(lat.):* gerechter Preis.
"turpe lucrum" *(lat.):* schnöder Gewinn.
"pretium datum" *(lat.):* Marktpreis.
(Lit.-Hinweis: Fuhrmann, a. a. O. S. 117.)

78 Eleanor hatte 1148 ihren ersten Mann, König Ludwig VII. von Frankreich, auf seinem Kreuzzug ins Heilige Land begleitet. Während des Kreuzzuges kam es zwischen dem Paar zu einem handfesten Ehekrach. 1152 wurden Eleanor und König Ludwig geschieden. Der über diese Affäre in ganz Europa ausgesprengte Klatsch kolportierte, daß der Scheidungsgrund Nächtigungen Eleanors im Zelt eines Scheichs gewesen seien. Nach ihrer Scheidung sah sich Eleanor zeitlebens von Klatsch und anzüglichen Bemerkungen über ihr (angebliches?) "huoren" mit Sultan Nur-ed-Din verfolgt. Notabene: In den zwanziger Jahren sollte diese Geschichte einmal verfilmt werden. Mit Rudolfo Valentino in der Rolle des Sultans.

79 *munt (mhd.):* Schutz, Bevormundung. Maud soll aus der (Fürsorge-) Gewalt ihres Vaters in die des Ehemannes übergeben werden. Mithin wird Maud noch vor der kirchlichen Einsegnung - formal - die Frau Heinrichs des Löwen.

80 *24. Dezember 1166 ... John:* Richard I. (Löwenherz) nannte seinen Bruder John, unter Anspielung auf dessen Geburtsdatum, oft einen "Weihnachtsmann". (In späteren Zeiten sollte sich die Bedeutung dieses Wortes wandeln.) John ist als böser Prinz John und als König Johann Ohneland in die Geschichte eingegangen. Seinerzeit hieß man ihn in den höfischen Kreisen Europas einen Pöfel,

176

weil er einen Neffen eigenhändig (!) erwürgt hat.

81 *phlihten (mhd.):* sich woran halten, sich richten nach - hier: Pflicht, Schuldigkeit.

82 *swanger (mhd.):* schwanger.

83 *per procura (lat.):* in Vollmacht. Zu Zeiten Mauds ließen Herrscher für gewöhnlich Gesandte um die Hand ihrer künftigen Gemahlin anhalten. War die Werbung erfolgreich, wurde die Braut am Hof ihrer Eltern (siehe auch Anmerkung 79) meist einem Gesandten "per procura" angetraut. Selbstverständlich nur formal! Kam die Frau dann zu ihrem herrscherlichen ê-karl, durfte dieser die Frau bei "Nichtgefallen" nicht einfach zurückschicken. Er konnte die Ehe dann nur noch unter besonderen Umständen auflösen lassen. Zum Beispiel bei "Nichtvollzug".

84 *Tasseln, (mhd.) tassel:* dienen zur Befestigung der Schnur mit der ein Mantel/Umhang gehalten wird. "Die Tasseln sind zwei Scheiben, die in Schulterhöhe zu beiden Seiten der Mantelöffnung angebracht sind und mit der Schnur verbunden werden."
(Zitiert nach: Brüggen, a. a. O., S. 83.)

85 Sogenannter "Hans-Albers-Blick". Wie die folgenden Kapitel noch berichten werden, ist Eilhard von Oberg hochgradig kurzsichtig gewesen.

86 Der geneigte Leser möge sich der im zweiten Kapitel beschriebenen "Hochzeit" erinnern, bei der Maud anwesend war.

87 Zu neuhochdeutsch etwa: Wären alle Häfen mein / vom Gelben Meer bis an den Rhein / gäb' ich sie locker aus

der Hand / käm ich vor Anker nur / bei Maud von Engeland.

88 *riemen ... rîmaere (mhd.):* obszönes Wortspiel; ein Hinweis darauf, daß Henry II. FitzEmpress des höfischen Mittelhochdeutsch mächtig gewesen ist. Obgleich er dies - wie seine stupende Gelehrsamkeit - fast immer trefflich zu verbergen wußte.

89 *Giselher:* der "tödliche" Spielmann der Nibelungen; er hat schon vor Leone & Morricone mit Harfe und Schwert das "Lied vom Tod" geschlagen.

90 Den größeren Teil der sächsischen Gesandtschaft, die Maud nach Braunschweig einholen sollte, hatte Herzog Heinrich, der alte Knauser, nicht mit auf die teure Überfahrt nach England geschickt. Jene Ritter, Ministerialen und Mannen des Herzogs harrten Maud und der über den Ärmelkanal gefahrenen Braunschweiger in Rouen, einem der französischen Höfe Henrys II. FitzEmpress. In Rouen hatte Truchseß Jordan von Brake auch den Geyler von Stuttengard zurücklassen müssen, auf daß nicht - wie bei der ersten Reise der Gesandten nach England - Königin Eleanors Auge ungnädig auf dem top dop Geyler ruhe.

91 Eilhard singt hier - auf Französisch! - eine Kanzone, die um 1200 als "Werk" des Troubadours Guillem de Cabestanh bekannt geworden ist. Zum Textvergleich möge der geneigte Leser Franz Wellners "Die Troubadours" (Leipzig 1942) heranziehen, aus dessen deutscher Fassung der Kanzone Guillems Gräfin Atha hier zitiert.

92 *kielkemenâte (mhd.):* Kajüte für VIPs im Heck des Schiffes.

93 Eilhard singt hier - auf Französisch! - eine Kanzone, die später, mit leicht gewandeltem Text, als "Werk" des Troubadours Peire Vidal bekannt geworden ist. Zum Textvergleich: Wellner a. a. O.

94 Fine amor: "Diese geheimnisvolle Initiation vollzieht sich übrigens in sehr einfachen Etappen. Der von Großtat zu Großtat fortschreitende Ritter erreicht schließlich eine Stufe, die ihn die Aussicht auf Belohnung eröffnet. Der Lohn kann schlicht in einem Blick bestehen, der ihm bestätigt, daß er sich auf dem rechten Weg befindet und ihn ermutigt, in seinen Bemühungen fortzufahren, später auch in einem leichten Händedruck, dann in einem züchtigen Kuß. Zeigt sich der Ritter ausdauernd und den Ratschlägen seiner Dame, die in Wirklichkeit Befehlen gleichkommen, gegenüber gehorsam, winkt ihm höherer Lohn. Dann erhält er Zutritt zu ihrem Gemach, darf mit ihr reden und erringt so (...) ein Anrecht auf Freunden, die die Allerweltsmoral zwar mißbilligt, die Kirche des 12. Jahrhunderts aber allem Anschein nach nicht verurteilt.

Diese Freuden haben nichts 'Platonisches' im landläufigen Sinn an sich, sondern beruhen auf echten sexuellen Beziehungen. Zunächst zeigt sich die Dame dem Liebhaber ganz oder teilweise nackt und gestattet ihm im weiteren Verlauf immer gezieltere und intimere Zärtlichkeiten. Zuweilen darf er sich mit der Dame, die ihm die langersehnte Belohnung gewährt, auf einem Lager ausstreck-en, doch wenn diese Liebesspiele auch meist in einem Orgasmus gipfelten, kam es jedenfalls im strikten Rahmen der fine amor, nie zum Koitus, den man weit mehr aus magischen als aus moralischen Gründen verwarf. Denn nach damaliger Ansicht bewirkte bereits das Eindringen des männlichen Organs in den Körper der Frau eine Art Imprägnierung, die die legitime, vom Gatten gezeugte Nachkommenschaft veränderte. In Anbetracht dieser möglichen Beeinträchtigung der Rasse durch den Geschlechtsakt aber konnte eine androkratische Gesellschaft, in der das ganze Gesellschaftssystem auf der männlichen Erbfolge beruhte, trotz sehr weitreichender sexueller Freiheiten die vollständige Vereinigung nicht gestatten, zumal auch die Empfängnisverhütung in den primitivsten Anfängen steckte."

(Aus: Jean Markale, Eleonore von Aquitanien. Königin von Frankreich und von England. Leben und Wirkung einer ungewöhnlichen Frau im Hochmittelalter. Aus d. Franz. von Gerda Kurz und Siglinde Summerer, Tübingen 1980.)

95 *un-triuwe (mhd.):* Treulosigkeit, Betrug.

96 Die Therapien AT-TARIFIs und die Rezeptur des Gilbertus Anglicus galten bis ins 18. Jahrhundert hinein als hoher medizinischer Standard. (Vgl. hierzu: Kräutermann, Valentino "Der curieuse und vernünfftige Zauber-Arzt", Frankfurt und Leipzig 1725.) Welchen teuflischen Zweck Kaiser Friedrich I. und Erzbischof Wichmann mit den Anschlägen auf die Lenden Heinrichs des Löwen verfolgten, darüber wird der geneigte Leser im zweiten Teil von "Mauds Beichte" unterrichtet werden.

bruoch (mhd.), bruoch-Tücher: um die Hüfte und um die Oberschenkel geschlagene Tücher, die von einem bruoch-gürtel (Hosengurt) gehalten wurden; eine Art Unterhose

97 *kiusche (mhd.):* keusch, schamhaft.